終活1年目の教科書

後悔のない
人生を送るための新しい終活法

黒田尚子

アスコム

終活1年目に、ようこそ

「終活を始めてみたいけれど、よくわからない」

そう感じている人は、きっと多いはず。それに、終活って、なんとなく「死」を連想して、ネガティブなイメージがありますよね。

なんと言っても、**終活とは「人生の終わりのための活動」を略した言葉**ですから。元々は、2009年に雑誌の連載をきっかけに登場。シニア向けの「終活本」が出版されたり、文具メーカーから「エンディングノート」が発売されたりして、急速に広まりました。

あれから10年以上が経過し、今や「終活」や「死後の手続き」はシニアに人気のテーマです。当初に比べ、ずいぶんポジティブにとらえられるようにもなりました。

そうなると、老後の嗜《たしな》み的な位置づけとして、「なんとなく、やらなくちゃいけない」と迫られているよう。それはそれで、ちょっとイヤですよね。

突然ですが、「いい人生」ってなんだろう？

ところで、いきなりの質問です。

あなたにとって「いい人生」とはなんでしょう？

「物質的にも精神的にも、安定した恵まれた人生」

「やりたいことをやりきった後悔のない人生」

「大好きな人たちに囲まれて死んでいく人生」

人それぞれが考える「いい人生」があるでしょう。

実は、**この終活ブームが始まった頃、私は乳がん告知を受けました。40歳という若さ**です。

当初、担当医から生存率50％と宣告を受けて驚き、それなら残される家族のために終活をせねばと、真っ先にエンディングノートを買いに本屋さんに走りました。

ぴかぴかのエンディングノートを前に、ぼんやりと考えていたのが冒頭の気持ちです。

まだ40年しか生きていないけど、いい人生だったのかしら？
そもそも、私にとっての「いい人生」って何？
どうせなら、死ぬ前に「いい人生だった」って、思いたい。そして、死んだ後に周りからもそう思われたい！

あれこれ考えてみると、**自分にとっての「いい人生」を全うできるかどうか、これを全部叶えることができるのが終活**じゃないかなって思ったんです。

終活こそ、幸せな人生に気づくきっかけ

とはいえ、**「やってみたい」「やらなくちゃ」と思っていながら、できていないのが終活の実態**のようです。

株式会社ハルメクホールディングスが50〜78歳の男女を対象に実施した「終活に関する意識調査」（2023年）によると、「終活」を必要だと思う人は8割近く。**でも、「終活」をすでに始めている人は約４割しかいません。**

まさに「言うは易く、行うは難し」です。

終活ができない、あるいはできていない人が理由として挙げるのは、

「何から手を付ければよいかわからない」

まさに、これです！　私もエンディングノートを買ったものの、何からどう始めればよいか途方に暮れた1人です。

ご挨拶が遅れましたが、私は黒田尚子と申します。

FP（ファイナンシャルプランナー）という、身の回りのお金のあれこれをアドバイスする仕事を25年以上しております。がん告知を受けて以降、**自分自身が死に直面した経験から、終活支援にも力を入れるようになりました。**

そんな仕事柄、お金や保険のことはなんとかなるにしろ、お墓や葬儀については勝手に決められない。洋服やバッグ、アルバム、手紙やPCデータの整理など、仕事も育児も家事も（加えてがん治療も）やりながらでは、終活なんて考えただけで倒れそう。

そんな悩みながら自身の終活をやってきた経験が、人にアドバイスする際にとても役に立っています。

さらに、終活ができない理由として、次のものがあります。

「まだ起きていないことへの危機感がない」

だって、今の60代、70代の人は、とってもお元気です。終活は「自分にはまだ早い」と感じる人は多いでしょう。それに、めんどうくさいのは確かですよね。重い腰をよいしょ、と上げて、実際に行動に移すには、背中を強く押してくれる「何か」が必要です。

私は、これまで何冊かエンディングノートの本を執筆しました。

もちろん、できるだけ、書き進めやすいよう工夫していますが、内容は、終活すべき「こと」が中心です。中には、手続きが大変だったり、専門的な知識が必要だったりするものもあって、正直、すべてを埋めるのは大変！

そして、多くの「終活できない」人々からのご相談を受けてみて、

単に、やる「こと」を羅列するのではなく、「どうして」やるのか、という目的や意識を高めることのほうが先決ではないかと気づいたのです。

ですから、本書は「どうして」終活をするのかの視点に立って、そのヒントを示していきたいと思います。

最後に1つ言えるのは、**終活をすると、「幸せな人生」に気づける**（死ぬ話なのに、です）こと。それが実は、私の考える終活の目的でもあります。

ということで、さあ、みなさん。終活1年目の世界に、ようこそ。

どこから読んでも終活になる「この本の使い方」

●「カテゴリー分け」をしていません

この本では、あえて身辺整理や相続、葬儀などのカテゴリー（種類）で章を分けていません。理由は、「やること」に注目しすぎて、「なんで」やるのか見えにくくなりがちだからです。でも、終活でやる事柄はちゃんと網羅しています。

カテゴリーごとに分けていませんが、各項目がどの分野に属するのかわかるように見出しの上にアイコンがあります。どの分野ができているか、また自分にとってどの分野がやりにくいのか知るためにアイコンが役立つでしょう。

アイコンと、その意味は次の通りです。

「健康」「人間関係」「お金」「暮らし」

「手続き」「整理整頓（モノ）」「葬儀」「こころ」

●どこから読んでもＯＫ

最初から順番に読んでもいいですし、興味があるところからでも構いません。

終活に順番の決まりはありません。

これは、本書ではかなり重要なポイントなので、少し詳しく説明します。

なぜ、終活ができない、続かないのか、**それは心が動かないから**だと思います。

逆に、心が動けば、自然と前向きに終活ができるはずです。


ご自身の小学生時代を振り返ってみてください。親や先生から**「夏休みの宿題は早めにしなさい」**と言われても、ついつい後回しにしてしまわなかったでしょうか。

それは、他にいくらでも楽しいことがあったからかもしれません。

でも、**「やるべき」「やったほうがいい」**と頭ではわかっていても、心がついていっていなかったから、とも言えますよね。やりたい気持ちにまでなれなかったのは、**自分の中で「これはやったほうがいいことだ」と腑に落ちていないから**だと思うのです。

終活も同じです。相続対策をしましょう、お葬式の準備をしましょう、と言われても、「そりゃ、やったほうがいいんだろうけどさ」という気分になってしまうのです。

だから、**本書では、少しでもあなたの心が動くような、やってみたくなるような終活の情報、取り組み方を載せました。**

具体的なおすすめの方法としては、**まず「目次」を眺めてみてください。**

そこで、興味が持てた項目から読んでみるのです。興味が持てないところは？

それは、今あなたが読むべきタイミングではないのかもしれません。

だから、**読んでみたいところから読む。**それでも、終活の第一歩は踏み出しているので、大丈夫です。

ただし、1つだけ注意事項があります。次に述べますね。

●最終章だけは、「最後に」読んでください

前述で、好きなところから読んでねとは言ったものの、そうは言っても、そんなに楽しく取り組めるわけじゃないけど、やるべきこと、やったほうがいいことはあります。

でも、そういうことって、意外に大事なことでもある。

本書では、「終活1年目」とはいえ、終活の内容をざっと網羅していて、その「意外に大事なこと」は最終章にまとめました。

じゃあ、なぜ最後の第6章は最後に読んだほうがいいのか。2つ理由があります。

【理由1　レベルを上げてから取り組んでほしい】

最終章は、「終活1年目」の人たちにとって発展編です。大事なことがいっぱい詰まっているけれども、いきなりこれに取り組んでしまうと、続かない。

つまり、そこまでのレベルに到達していないのです。まずは、やれることからやって、いずれ「終活力」が高まってきたらチャレンジすればよいのです！

【理由2　大事なことだからこそ最後にある】

物語にはクライマックスがありますね、だいたい、盛り上がりというのは最後にあったりします。本書も同じです。一番大事なことだからこそ、それがわかりやすいように最後に置いてあります。あえてです。

でも、「そんなに大事なことなら、やってやろうじゃない」というなら、最終章から読むのもアリです。目次を読んでみて、興味が持てたら読んでみてください。

「んー、これはやっぱり後にしよう」と思ったら、その心に従ってください。

何事も楽しく、自発的にやらねば続きません。無理はダメです。楽しんでください。

●具体的に「どうやるか」がわかる

各項目の最後に、まとめのチェックリストを付けています。その項目の内容に興味がわいたら、このチェックリストに書いてあることに取り組んでみてください。

具体的に何をやったらいいのか、どんなことを考えたらよいのか、「はじめの一歩」のヒントになる情報を挙げています。

目次

第2章

「生きてよかった」を味わいたい

第3章

やりたいことを全部やりきりたい

第4章

「絆」を感じたい

第5章

人から認められたい

第6章

心配事をなくしたい

第1章

「やらなければ」ではなく「やりたくなる」終活

あなたにとっての、よき人生とは？

乳がん告知を受けて数年たった頃、まだ小学生の娘に、

「お母さんは今、幸せ？」

と、不意に尋ねられたことがあります。


「うん。お母さんは、とっても幸せ」

私は、すぐに答えました。

そして、即答できた自分に驚いたのです。


娘は、重ねて聞いてきました。

「どうして、お母さんは幸せだと思うの？」

また私は、答えました。

「だってね。こんなかわいい子どもがいるし、ぶっきらぼうだけど、誠実で優しいダンナさんもいるし。仕事は大変で忙しくても、自分のやりたいことができるもの。それに、家族みんなが、健康で元気でいられれば、それで十分幸せ」


そうなんです。

がんを経験して、**自分の死を身近に感じた時、普通の当たり前の生活がどんなに幸福だったのかを思い知らされました。**幸せは、なるものではなく気づくもの。今や、私の幸福度バロメーターの感度は、かなり敏感です。

あなたが、**「幸せを感じられない」「よき人生とは思えない」と言うのなら、もしかして、幸福度バロメーターの設定が、ちょっと高くなっているのかも。**

そんなあなたに、人生に幸せを呼びこむヒントをご紹介しましょう。

人生に幸せを運ぶ「5つの欲」

冒頭で述べた通り、私は、**終活をすることが、この先の人生をより充実したものにする近道**、と考えています。

ただ、これだけでは漠然としすぎて、納得して「じゃあやってみよう！」となる人は、なかなかいませんよね。では、どうしたら、行動に移してくれる人が増えるのか。次にご紹介する3人の例にヒントがありそうです。

彼らは、実際に終活をした人です。3人は、どんな理由で終活をしたのでしょう。

1 Aさん**「家族に迷惑をかけたくない」**

2 Bさん**「お金や家の心配をなくして、好きなことをして余生を過ごしたい」**

3 Cさん**「『最期までちゃんとした人だった』と思われたい」**

終活をした理由はそれぞれです。だけど、みな「やってよかった」と口をそろえて言っています。

彼らの動機を、どう思いますか。「なるほどねえ」という感じでしょうか。

でも、**「じゃあ、自分もAさんみたいに、人に迷惑をかけないように、終活しよう！」とまで、思ったでしょうか。**これは、ごく一部の人かもしれません。

あなたは、終活に興味があるのですよね。でも、自発的には動けなくて、「よし、やろう！」と思える動機がほしくて、読んでくださっているのではないでしょうか。

あなたにとって、人の「やってよかった」体験談だけでは、やってみたいと思える動機としてはまだ弱い。「心が動かない」とも言えるでしょう。

「もっと強い動機さえあれば、動けるのに」。その期待に応えたいと思います。

人生に幸せを運ぶ「5つの欲」とは

終活の相談に来る人のお話を伺いながら気づいたのは、**「やってよかった」という言葉の中に、さまざまな「気持ち」がある**ということです。

この「気持ち」は、人それぞれの正解があるものだと思います。それだけに、共感できる人と、できない人がでてきてしまう。

では、その気持ちの最大公約数的なものを発見できないか……。

そのために、矛盾するようですが、いったん、頭から「終活」を取り除いて、こう考えました。

「私が、強く、この先の人生に求めることはなんなのか」
「私は、どんな時に幸せを感じるのか」

人が、他人に何を言われるでもなく、自発的に動く時は、そういう問いへの答えが見いだせた時だと思うから。

そして、前述のAさん、Bさん、Cさんの話を思い返し、人間が求める根源的な「5つの欲求」にたどり着いたのです。早速、紹介しましょう。

- **「生きててよかった」を味わいたい**
- **やりたいことを全部やりきりたい**
- **「絆《きずな》」を感じたい**
- **人から認められたい**
- **心配事をなくしたい**

いかがでしょう。言い方の問題かもしれませんが、「人に迷惑をかけないように、終活をしましょう」と言われるよりも、「人から認められたくありませんか。それには終活がおすすめですよ」と言われたほうが、そうなの？　本当にそうならやってみようかな、と興味がわきませんか？

根源的な「5つの欲求」を叶えることで、この先の人生がより充実したものになるはずです。

1つずつ見ていきましょう。

❶「生きててよかった」を味わいたい

「生きててよかった」と感じる瞬間はどんな時でしょう。

私にとってそう感じたのは、わが子が生まれた時。今でも、子どもが小さい頃の写真を見ると、幸せだった記憶がよみがえります。

終活は、そんな「生きててよかった」を味わうこともできるのです。

これは、具体的には、**洋服やアルバムの整理、片付け**などで叶う欲求です。

❷ やりたいことを全部やりきりたい

「起業したい」「世界一周したい」「海外で暮らしたい」など、多くの人は漠然とでも、何か夢や希望、理想の自分像を持っているでしょう。

もちろん、その理想と現実が一致する人はごくわずか。でも、少しでも理想に近づきたい、最後まで自分らしく生きたいと思いますよね。

それに、これまで、家族や誰かのために自分のやりたいことをがまんしてきた人も少なくないはずです。

そうであれば、これからは、自分のやりたいことを全部やってみませんか。

これは、終活で言うと、**自分の趣味ややりたいことを見つける**ことに該当します。

③「絆」を感じたい

人によっては、「1人が好き」ということもあるでしょう。でも、それは「1人の時間が好き」ということであって、絶海の孤島に降り立って、そこでも強く生きていける人は本当に少ないのではないかと思います。

何かに属しているとか、数は多くないかもしれないけど、誰かが自分のことをわかってくれている。これだけで人は、安心、安全を感じるものです。

これは、終活で言うと、**いざという時に頼れる人との関係を作る**ことが該当します。

④人から認められたい

人間、何歳になっても、人からの評価は気になるもの。ほめてもらえればうれしいし、悪いことを言われると落ち込んでしまう。

悪い言葉には耳をふさいで気にしないという手もありますが、人からほめられること、認められることは、時に私たちの心の支え、モチベーションにもなりえます。

「いいね！」「すごいですね」「尊敬します」など、人からほめられて悪い気がする人はいませんよね。「人から認められたい」という承認欲求は、それだけ強いものです。

それに、私の経験的にも、年齢を経るごとに「ちゃんとした人」でいたい、「きちんとした人」だと思われたい気持ちが増す気がしています。

これは、終活で言うと、自分の周りの人に迷惑をかけないこととイコールなので、**エンディングノートを書く、入院時等のお泊まりセットを準備する**などが該当します。

⑤ 心配事をなくしたい

人生に、不安なことは付きまとうものです。

特に、年を取ると自分や家族の健康、老後資金、家族関係、相続などなど。心配事、悩み事は尽きません。残りの人生を気楽に過ごしたい、という気持ちもあるでしょう。

これは、終活で言うと、**財産の棚卸しや、介護、相続への備え**をすることで満たされるはずです。

この本は、「私が終活をおすすめしたくて書いた」というよりも、

もっと幸せになりたくて、
毎日を楽しく過ごしたくて、
そのためにはどうしたらいいかな?
を考えた先に、終活があった。

ということを、あなたにも知ってほしくて書いた1冊なのです。

「やらなければ」ではなく、「やりたくなる終活」

あなたが健康診断に行ってお医者さんから、「ちょっと太りすぎです。これから毎日30分程度、ウォーキングしてください」などと指示されても、すぐに行動に移したり、継続できる人は多くないはずです。それが簡単にできるくらいなら、はじめから体重管理できていますよね。

「行動」には、2つのパターンがあります。**「自ら進んで行動するか」「他人によって行動させられるか」**の2つです。

考えてみると、自律的に行動する前者の人より、「〇〇しなさい！」と言われて、渋々、行動させられている後者の人が多いのではないでしょうか。

終活も同じです。**行動することが大事と言っても、他人に言われてやるのでは、効果も半減しますし、長続きもしません。自分自身の「やる気スイッチ」が入らないとダメなのです。**

では、どうしたら「やる気スイッチ」がオンになるのでしょうか。

自分の中の「欲」に気づくと、「やる気スイッチ」がオンになる

一般的に、終活のカテゴリーは、お金、片付け、住まい、人間関係、医療・健康、お墓・葬儀などに分けられます。それを知ったところで、「やらなければ」という意識は芽生えても、「なんでやるのか」「やりたい」という気持ちにはならないでしょう。

そこで、あなたが終活をやりたいと感じ、「やる気スイッチ」がオンになるよう、この本では、先に挙げた**「5つの欲」**で終活の項目をまとめました。

「欲」というと、煩悩みたいで、ちょっと……という人は、「気持ち」とか「想い」に置き換えて考えてみてください。どれか1つでも、自分の中にある「欲」が見つかれば大丈夫。無理に、「やらなければ」と感じる必要はないのです。

また、**それぞれの項目は、なんとなく挙げたものではありません。**FPでもある私の専門的知見と、それぞれのライフステージに応じて、限りある「お金」「時間」「健康」の3つを最適化してほしい、という視点が根底にあります。

人生に幸せを運ぶ「5つの欲」とマズローの欲求5段階説

ちなみに、米国の心理学者マズローは、人間の欲求が「生理的欲求」「安全の欲求」

「社会的欲求」「承認欲求」「自己実現の欲求」の5つの段階に分類されるという考え方を提唱しました。

私の考える人生に幸せを運ぶ「5つの欲」のうち、**「『生きててよかった』を味わいたい」**と**「やりたいことを全部やりきりたい」**は、「自己実現の欲求」。**「『絆』を感じたい」**はなんらかの社会集団に属して安心感を得たいという「社会的欲求」。

そして、**「人から認められたい」**は、その属する集団に自分の能力を認められたいという「承認欲求」。

さらに、**「心配事をなくしたい」**は、身体的に安全で、経済的にも安定した環境で暮らしたいという「安全の欲求」に通じるところがあります。

このように、多くの部分が重なるのは、私も、マズローの考え方の根底にある「人間は自己実現に向かって絶えず成長する生き物である」という点に共感しているからかもしれません。

終活は、始めた人から幸せになる

「終活は、いつから始めるのがいいですか？」

よく、こんな質問を受けます。それに対して、**「いつからでも決まりはありません。思い立ったが吉日です」**とお答えしています。

とはいえ、私自身が終活を始めたきっかけが、がん告知だったように、大病を患ったり、身近な人が亡くなったりしたことで終活を意識する人もいるでしょう。

私のお客さまの中には、新型コロナウイルス感染症になって一時は「死」を覚悟したからと、エンディングノートを書き始めた30代独身の人もいます。

ただ、一般的には、定年退職や子どもの独立・結婚など、人生の節目となる出来事がきっかけになることが多いようです。

そう考えると、**60代前後が「終活適齢期」**と言えるかもしれません。

残された家族のための終活

終活適齢期の人たちに、終活をしたほうがいいとアドバイスする大きな理由の1つは、やはりお金の側面からです。

現在、私は、FPの立場から、定期的に病院で、患者さんやそのご家族の相談を受けています。みなさん、さまざまな病気や病状を抱え、職業や家族構成、置かれている環境もバラバラですが、**「もっと、早く終活をしておけばよかったのに……」**と感じるケースが少なくありません。

例えば、脳卒中を発症し、意識が戻らないまま1か月入院している佐藤修次さん（仮名・60代）の事例です。佐藤さんは独身で、唯一の身寄りは、地方在住のお兄さまだけです。

お兄さまは、病院から連絡を受けて、慌てて上京し、佐藤さんの賃貸マンションの部屋へ。何か入院費の足しになりそうなものを探しましたが、見つかったのは銀行のキャッシュカードのみ。しかも、暗証番号がわからず、お金が引き出せません。生命保険に入っていたのかも確認できず。

「弟の入院費用もかかるし、意識が戻らないまま亡くなれば、葬式費用や借りている部屋の退去費用も必要です。貯蓄にしろ、保険にしろ、肝心な時に使えないのでは、意味がありませんよね。もっと、日頃から連絡しあっておけばよかった……」

もし、あなたが佐藤さんだったら……？　まさに**「万が一の時に備えて、残された家族や周囲に負担がかからないようにする」**という終活の目的の王道について考えさせられるケースです。

終活の目的は「幸せな人生」に気づけること

一方で、**終活は、「自分のためのもの」**という側面もあります。

というより、こちらの意味合いのほうが強いと感じます。

私が、がん告知を受けて、生存率50％と言われた当初は、「5歳になったばかりの子どももいるのに……」とかなり落ち込みました。

けれども、そのうち「まだ5年は生きられる！」と、思い直したのです。

「5年しか」を「5年は」に変換したのです。これは、若い頃から、「人間の寿命なんて、わからない。交通事故に遭って明日死ぬかもしれない。だからこそ、今を大事に生きたい」と考えるようにしてきたからかもしれません。

ちなみに、告知を受けて15年近くたちますが、毎年の定期検診も異常なしです。

そんな私が、終活をする中で感じたのは、

❶自分がこれまで何を大切にして生きてきたのか。

❷これから残りの人生で何を大切にしたいのか。

といった、過去の人生の振り返りができること。

そして、今、大切なものや人に気づけることです。

あなたが、少しでもこの2つを考えるようになったなら、それはもう「終活1年目」に入っている証です。

生きている間に、これからやりたいことに取り組めれば、より前向きな将来を過ごせたり、人生の最後まで自分なりの「幸せな人生」を見つけられるかもしれない。

そう、私にとっての**終活の目的は「幸せな人生」に気づけること**なのです。

幸せとは、探すものではなく、すでにあなたの中にあるのです。それに気づけるかどうかが大切です。

これからご紹介していくことのうち、できそうなものをまずやってみてください。**1つでもやってみると、普段の生活では気づかなかった大切なものが見えてくるはず。**やればやるほど、いろいろな気づきがあるでしょう。

あなたの幸せのピークは終活を始めた「この先」にある

人生における、人間の幸福度には、ピークが2回あると言われています。

1回目は「23歳」の時。その後、50代半ばで最低になり、「69歳」で2回目のピークを迎えます。

幸福度と年齢の関係はU字形なのです。

これを提唱したプリンストン大学のヘインズ・シュワント博士によると、若年期は、よりよい将来を予想し、生活全体の満足度も今より高くなると見積もり、高齢期は、将来の生活全体の満足度を低く見積もる傾向があると指摘しています。

U字形の底にある50代は、その狭間で、理想と現実のギャップに直面して「こんなはずじゃなかった」と幸福度が下がってしまうそうです。

さて、終活を始める時期に関しては、最もふさわしい年代の第1位が「60代」というアンケート調査があります（ウェブサイト葬研より）。

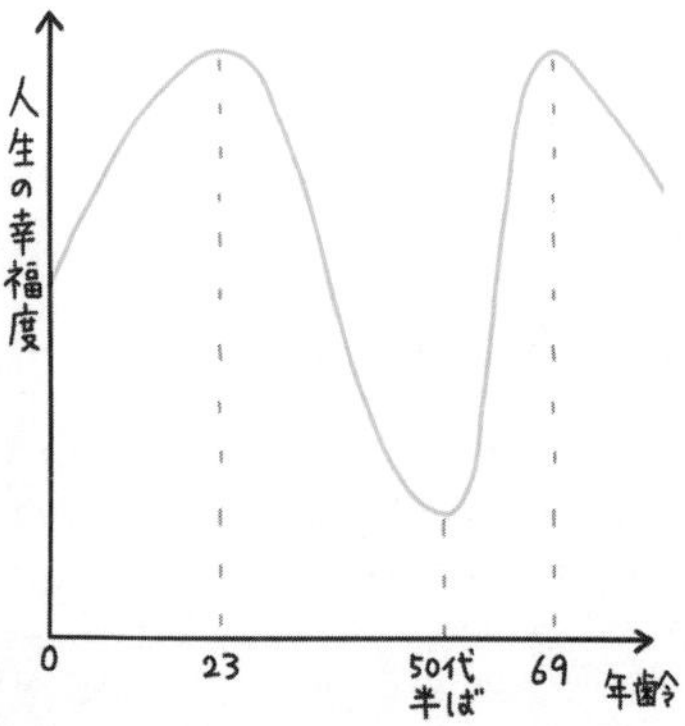

ということは、ある意味、**終活を考え始めた今からが、幸福度が上り坂になる「黄金の時期」ではないでしょうか。**

特に70代は、子育てや親の介護、住宅ローン返済などの困難を乗り越えた安心感もあり、幸福感が高まりやすい年代です。

90歳でも元気な人がやっていることは？

しかし、人によっては、大病や大けがをしたり、体力や気力の衰えを感じたり。個人差も大きいですよね。

一体、自分がどこまで元気でいられるのか――。

日本の高齢者約6000人を1987年から約30年にわたって追跡し、「加齢に伴う生活の自立度の変化」を明らかにしたデータがあります。

男性の場合、次の3パターンの自立度に分かれます。

1 70歳前に健康を害して亡くなるか、重度の要介護状態になってしまう（約2割）

2 75歳くらいから徐々に自立度が落ちていく（約7割）

③ 90歳まで元気なまま自立度を維持できる（約1割）

一方、女性の場合は、次の2パターンの自立度に分かれます。

① 70歳前の早い時期に自立度が低下してしまう（約1割）
② 70代半ばから緩やかに自立度が低下（約9割）

女性が男性のように90歳まで〝元気な人〟のパターンがない理由の1つは、骨や筋力が弱いから。**つまり、シニアの健康の重要ポイントの1つは、筋トレです！**

このように、**男女合わせると約8割の人たちは、70代半ばから徐々に衰えていきます。**まずは、この事実を受け止めたいと思います。

そして、いつまでも心身の健康を維持できるよう「フレイル予防[※]」が重要であることもわかりますよね。

ベストセラーにもなった和田秀樹さんの『70歳が老化の分かれ道』(詩想社新書)では、「健康になった70代の10年間は、人生における『最後の活動期』」であり、「この時期の過ごし方が、その後、その人がいかに老いていくかを決めるようになった」とあります。

それには、「もう」70代、ではなく、「まだ」70代と思えるかどうか。これが重要ではないかと思います。

そして、前掲の調査にあった90代でも自立度が高い人々の共通点を私は知っています。それは、**いつまでも社会と関わりを持ち、「自分がやりたいことをやって毎日を楽しんで暮らしてきたかどうか」**です。

彼らの多くは、元気で長生きしようと日々努力を重ねてきたのではなく、**「気がつけば90歳になっていた」**と口をそろえます。好きな時に好きなものを食べ、楽しいと感じる毎日を送っていれば、そんなものかもしれませんね。

終活も「老いの入り口」ではなく、**自分のやりたいことをどんどんやって生きていくターニングポイント。**そうとらえてはいかがでしょうか。

チェックしよう

まとめ

□ 今日からが人生の「黄金の時期」だと考えてみましょう

□ これまでやりたくてもやれなかったことはなんですか？3つ挙げてみましょう

※加齢によって心身が衰えた状態

第2章

「生きててよかった」を味わいたい

「生きている」まずは、その当たり前に感謝する

2024年1月1日16時10分。

ちょうど、この原稿を書いている時。スマホから、緊急地震速報が鳴り響きました。石川県能登地方を震源とするマグニチュード7・6の大地震の発生です。

私の実家がある富山市でも、震度5強の揺れを観測し、年末年始に帰省していた妹夫婦が、母を連れて車で市街地に避難してくれました。

被害は、予想以上に大きく、内閣府の防災情報によると、3月26日時点、石川県で死者244名。

人的被害だけでなく、住家被害も甚大です。

石川県輪島市の中心部では、大規模火災が発生し、200棟以上が焼けたと言いま

す。テレビのニュースで、焼け野原になった輪島朝市通りの映像をごらんになった人も多いでしょう。

能登半島と言えば、子どもの頃、毎年夏休みの家族旅行に出かけた思い出の場所です。あの古い町並みを思い浮かべ、そこにお住まいの人々の状況を考えると、胸が締め付けられるような気持ちになります。

そして、翌日には、羽田空港で日本航空の旅客機と海上保安庁の航空機の衝突事故が発生しました。

２０２４年は、お正月早々、不幸な災害や事故が立て続けに起きるという残念な幕開けになってしまいましたが、こんな時こそ、**「生きてるだけで丸儲け」**という明石家さんまさんの言葉を思い出します。

私も、40歳で乳がんを経験し、自分の余命が頭をよぎった時、生きる意味を考えるよりも、自分が生きていること自体が幸せなのだと痛感しました。**大切な家族や友人がいて、やりがいのある仕事があって、健康でいられる。**

そんな、当たり前の日常を送れることに感謝し、自分の人生を受け入れることで、十分「生きててよかった」を味わうことができます。

それでも、年を取って、自分や家族の健康やお金、これからのことが不安で、生きててよかったと思えない人、明日が楽しみだと思えない人もいます。

そんな時は、**過去の楽しかったことを思い出してみてはどうでしょう。**目の前のことで頭がいっぱいになって、追い詰められていると辛くなります。昔の些細な楽しかったことや、その時の自分を振り返ると生きててよかった気持ちが思い出されるのではないでしょうか。

江戸幕府の初代将軍の徳川家康は、75歳まで長生きしたことで有名です。

でも、それ以上に長生きした戦国武将もいるそうです。

例えば、島津義久（79歳）、武田信虎（81歳）、宇喜多秀家（84歳）などがいます。

脳科学者の中野信子さんによると、**長生きした人は、共通して「決戦」よりも「自分の生活をどう楽しむか？」ということに後年心を砕いていった**のだそうです。歌の先生になってみたり、お茶の先生になってみたり。そういうふうにして、余生を過ごした人が長生きしていると言います。

やりたいことをやって長生き。これも「生きててよかった」の1つでしょう。


「生きててよかった」と思える瞬間は、人それぞれ。価値観や環境、大事にするものによって変わります。

あなたも、自分の「生きててよかった」を味わってほしいと思います。

身に着けるものは、「お気に入り」でかためてみる

よく仕事をご一緒するA子さんは、50代後半の私と同年代。デザイン系の会社にお勤めだけあって、いつも「それ、どこで買ったの？」と聞きたくなるような素敵な装いで、ご本人の雰囲気にとてもよくマッチしています。

ある時、A子さんはきっぱりと、こう言いました。

「50代半ばになった時、あとどれくらい自分の好きなファッションでいられるんだろうって思っちゃったんですよね。そしたら、気に入らない服なんか、無理して着る時間なんてないって。だから、私は、毎日着たくなる〝一軍〟のもの以外はすべて処分

したんです」

確かに、私も、あとどれくらいバリバリ仕事ができるかわかりません。病気や要介護状態になって、外出が減るかもしれないし、コロナ禍のように外出自粛が求められるかもしれない。

それなら**家にいる時も、出かける時も、自分が好きで、気に入っている〝一軍〟の洋服やアクセサリーを身に着けてみる。**それだけで気持ちが上がりませんか。

着回しは不要。今の自分に合った〝一軍の〟洋服を

それに、おしゃれのプロも「大人に着回しはいらない」と言います。

『服を買うなら、捨てなさい』でお馴染みのスタイリストの地曳いく子さんによれ

ば、「大人に着回しなんていらない。お気に入りの組み合わせがあったら、そればかり着ているほうが何倍もマシ」「する必要のない着回しをあれこれ考えるのも、時間の無駄使い」だそうです。（※モデルの黒田知永子さんとの対談より）

終活に限らず、身の回り品の整理や処分は、私も定期的に行っています。

そこでのチェックポイントは、**「今の自分に合っているか」**

例えば、高価なブランド品であっても、スタイルや色、デザインなどが、今の自分に合っていないと感じたら、気分が上がりませんよね。

そして、**体形にあったものをスタイルよく身に着けているか**どうかも大切。

私自身感じたのは、年を重ねると、「体型」は同じでも、「体形」が変わること。

自分に合っていないのは、もう〝一軍〟ではないのです。処分するのは勇気がいるかもしれませんが、思い切ってやってみるのをおすすめします。

ここで1つ注意を。今の自分に似合っているかどうか、体形に合っているかどうか、これはきちんと確認する手順をふんでください。

実際にクローゼットから服などを取り出し、鏡の前に立って、試着してみるのです。**私のおすすめは、「自宅ファッションショー」を開催すること。**

私のお客さま（70代女性）は、1人でやってもつまらないし、自分だけでは処分する踏ん切りがつかないからと、お子さんやお孫さんと一緒にするそうです。第三者がいることで客観的な意見も聞けますし、中にはお孫さんがほしいという洋服もあるとか。

そして、最後に付け加えるとしたら、**「ヘアスタイル」**です。

年を取ると、髪につややボリュームがなくなって、ちゃんとお手入れしないと、一気に老けて見えます。逆にヘアスタイルが素敵だと、全体的におしゃれに見えるから不思議です。

とは言え、頻繁に美容院に行くと、お金も時間もかかります。そんな場合は、手軽にできる**頭皮マッサージ**が役に立ちます。頭皮を柔らかくして血行をよくし、薄毛や髪によいのはもちろんですが、顔のたるみを解消するリフトアップ効果やストレス解消にもなるそうです。

チェックしよう

まとめ

- □ クローゼットの洋服を季節ごとに分けてみましょう
- □ 1つひとつ自分に当ててみて、今の自分に合っているかチェックしましょう
- □ 今の自分に合わないものは「捨てる」ボックスへ入れる
- □ ここ1年着ていないものも「捨てる」ボックスへ入れる
- □ 思い出の服など、すぐに判断がつかないものはいったん「保留」ボックスへ入れる
- □ 各シーズンで5セットずつお気に入り（一軍）の服（組み合わせ）を選んでみましょう
- □ 「保留」ボックスの服は、1か月後、一軍と比べて残す気分にならなければ、「捨てる」ボックスへ入れましょう
- □ アクセサリーも同じように一軍のものを選んでみましょう

「思い出」を整理するとポジティブになる

ふとしたきっかけで昔の嫌だったことを思い出して、しばらく悶々とする。そんなことはありませんか？

残念ながら、人間の脳は「悪い出来事」をより強く記憶するそうです。それは個々の性格や素質に問題があるのではなく、人間の脳の原始的な仕組みが、物事をネガティブに思考するようにできているからです。

生きていくためには、危険、不安、恐怖などに敏感でなければ、生存できないわけですから、言われてみれば、当たり前かもしれません。

ということは、**物事をポジティブにとらえるには、意識的に行動する必要が**

あるということです。これは終活においても重要なポイントとなります。

この考え方は、終活の「片付け」に応用できます。家は片付いていたほうがいいに決まっていますが、そうは言ってもめんどうくさい、時間がない、と後回しにしがちですよね。

ですが、片付けをすると、ポジティブ思考になるとしたらどうでしょう?

ポイントは、**片付けをしながら「いい出来事」を思い出す**ことです。そのために、**思い出深いものから取り掛かってみましょう。**私のおすすめは、写真やアルバムの整理です。

今の生活を振り返り、これからを考えるきっかけになりますし、昔の写真を眺めていると、楽しかったこと、うれしかったことを思い出しませんか。

写真を見直すうちに、家族への感謝や自分自身の頑張りをねぎらう気持ちがわき起こってくるはずです。見直す期間の決まりはありませんが、それで満足して終わってしまいそうなら、1週間を目安にするなど期間を区切ってもよいでしょう。

写真の整理は、**枚数の上限を設けて、見やすい状態にする**こと。

いつでも思い出に触れられるよう、写真枚数を絞り、ダイジェスト版のアルバムを作ってみるのはどうでしょう。

まずは、全体で100枚など上限を設定。

「それぞれのイベントにつき○枚」「思い出がどんどんよみがえってくるものを分けて、そこから枚数を絞っていく」といったマイルールがあると選びやすくなります。

最後に残った写真で作ったアルバムは、あなたの人生のベストアルバムとなるはずです。

このほか、**紙の写真をスキャンしてデータ化**する方法もありますが、めんどうくさがりの私は、**写真をスマホで撮影**しちゃいます。

先日も、実家に帰省した時、自分が子どもの頃の写真を何枚も撮って、母やきょうだいなどのスマホに転送しました。

母は、「これなら、いつでも眺めていられる」と大喜び。きょうだいだけでなく、甥や姪からも「おばさんの小さい頃は、○○ちゃんに似ている」などとグループLINEで盛り上がりました。

思い出は「処分」ではなく「コンパクトにして残す」

写真以外にも、趣味のコレクションや子どものもの、高価な着物や毛皮など、なかなか捨てられない思い出の品ってありますよね。

処分しようと思うと抵抗があるかもしれませんが、**思い出自体を処分するわけではありません。「コンパクトにして残す」と考えてみてはどうでしょうか。**

消えてなくなるのではなく、思い出が形を変えて残るのです。

具体的な方法は、次の3つです。

❶ 写真に撮る
❷ リメイクする
❸ 一部だけ残して飾る

一番手軽なのは❶の方法です。私も娘の小中学校の課題や作品は、どうしてもこれだけは残したいという数点は除いて、写真に撮って処分しました。写真であれば、物の種類や大きさも問いません。

どうしても捨てられない場合は、いったん、保留ボックスに入れておいて、保管期間内に見返さなかったら捨てる、などのルールを作って試してみましょう（次の項目でも詳しく述べます）。

❷もよくある方法ですよね。例えば、ランドセルを財布やパスケースにしたり、七五三の振袖をバッグやクッションにしたり。日用品にリメイクすると、使うたびに、その品物にまつわる思い出に浸れます。

❸は、お雛様や五月人形など〝大物〟をリサイズして飾りやすくします。

先日、伺ったお宅のリビングには、素敵な額が飾ってあって、何かと思ったら、着物や帯の一部を切り取って入れてありました。

こんな方法なら、いつでも思い出せる安心感から、悔いなく手放すことができるのではないでしょうか。

チェックしよう
まとめ

- □ モノの片付けをするなら、写真の整理から始めましょう
- □ アルバムや、整理されていない写真を一か所に集めてみましょう
- □ 全体で100枚など、上限枚数を設定しましょう
- □ イベントごと、年度ごとなど、写真をジャンルで仕分けていきましょう
- □ ダイジェスト版のアルバムを作ってみましょう

思い出の詰まった家の記憶は こうして整理する

家の中の荷物の整理も、思い出の整理の1つと言えます。

仕分けには、時間がかかりますし、それなりに体力や気力も必要です。ご自身が片付ける場合も大変ですが、**「実家の片付け問題」は、多くの子世代の悩みのタネ**です。

私が実家の片付けをした時には、母に「これ必要？　不要？」と1つずつ確認するのが、とにかく大変でした。

それに、ほぼすべてが「必要」あるいは「もったいないから取っておく」という返事ばかりで、まったく片付けが進みません。

そのうち、母に確認せずに、私の判断で、捨てるモノを選別したのですが、後日、ガレージの奥からそれらを発見した時には、心底がっくり。

そうです。母がゴミ置き場から、こっそり回収してきたのです。

昭和15年生まれの母にとって、まだ使える、壊れていない（壊れていても）モノを捨てるというのは、なんとも罰当たりなことなのでしょう。

片付けのキーワードは「安全」「安心」

実家の片付けは、高齢の親だけでは、なかなか実行できません。

特に、子ども部屋の学習机などは、**子どもの口から、「もう必要ないから処分しよう」と切り出す**ほうが、踏ん切りがつくのではないでしょうか。

このほか、使わなくなった家電や家具、寝具など、**大きなモノから処分すると、家の中がスッキリして達成感を得られやすく**、ほかの家財の整理も捗《はかど》るはずです。

ただ、子どもにとっては不要でも、親にとってはそうでないことも多々あります。

モノへの愛着や思い出など、**親の気持ちを尊重するのも大事**です。

私の母のように、捨てること自体がストレスなら、無理強いしなくてもいいと思うのです（モノが捨てられないでため込んでしまっているご本人のあなたは、少し気持ちが軽くなりましたか?）。

生活する上で親の**「安全」と「安心」が確保できていること**を大前提に、必要最低限の片付けでよしとするのも1つだと思います。

廊下に段ボールが積まれていると、つまずいて骨折するかも。台所や冷蔵庫にある大量の賞味期限切れの食料品を食べて、具合が悪くなるかも。

日頃どう動いているか、生活導線や家事導線を考えて、安全で安心に暮らせるかどうか、**実際に住んでいる親へのこんな気遣いをしてみると、親にとっても子にとっても片付けのストレスが減るはず**です。

捨てられない心理から対処法を考える

それでも、やっぱりモノを処分して、スッキリさせたい。でも、できないという人は、どんなふうに考えたらよいのでしょう。親の片付けを手伝う時、ご自分で片付けをする時、両方の場合がありますね。

一般的に、モノを捨てられない時の心理って、こんな感じでは。

①「高かった」「せっかく買ったのに」「嫁入り道具」→過去の投資を惜しむ気持ち

②「いつか使うかも」「捨てると後で後悔するかも」→未来への不安感

③「もったいない」「まだ使える」「何かに使える」→使い切りたい気持ち

1の場合は、「メルカリ」などのフリマアプリを活用したり、「セカンドストリート」や「エコリング」などのリサイクル業者に売る対処法があります。

続いて2の場合は、「とりあえず保留」ボックスを作って、そこに入れておきます。3か月など期限を設けて、その間、使わなければ不要な証です。

そして3の場合は、必要としている人に譲る、あるいは団体などに寄付する方法はどうでしょう。あなたが使えていないモノを必要としている人は結構います。ネットで「不用品　寄付」と検索してみると、いろいろなところが出てきます。

「賢く手放す」「上手に残す」がポイントなのですが、3つの提案の中でできそうなものはありますか。

65ページでもお話ししましたが、**思い出の品は、「捨てる」よりも「残したいかどうか」という気持ちを基準に選んでみてください。**

一生そばに置きたいものを選ぶのなら、気持ちも前向きになるはずです。

チェックしよう

まとめ

□ 生活するのに不便あるいは危険な荷物や家具が家にありませんか？

□ 処分しにくいモノは、「売る」「とりあえず保留」「譲る・寄付」の3つの選択肢に当てはめてみましょう

スマホの中の「思い出」は、こう活かす

今や、老若男女問わず、ほとんどの人が携帯電話やスマートフォンを持っています。総務省の「令和5年版情報通信白書」によると、モバイル端末の保有状況は、スマホが77・3%、携帯電話が19・0%。

なんと、**9割以上の人がなんらかのモバイル端末を保有している**のです。

あなたをいつでも感じてもらえる「思い出」データの残し方

スマホを持つようになって、特に変わったと感じるのが、写真です。

カメラの出番がめっきり減って、現像もしなくなりました。写真データが溜まる一方になっているかもしれません。

でも、「あの写真はどこにいっちゃったのかしら？」なんてこと、ありませんか。せっかくの素敵な思い出をそんなふうに扱っては、もったいないです。

記憶の中の思い出は、思い返さないと風化していきます。よき思い出は、当時の写真を見ながら思い出すと、日常に彩りが加わります。

それに、あなたの写真は、あなただけのものではありません。家族や周りの人にとっては、**写真はあなたがいなくなった後も、あなたの存在を感じられるもの**ですから、すぐにわかるように整理しておくのがおすすめです。

そのほうが、自分が見返す時にも便利だったりしますから。

家族に残しておきたい写真や動画などの「思い出」データは、パソコンに移し、テーマごとにフォルダ分けしておけば、いつどこで誰を撮った写真なのかが一目瞭然です。

例えば、子どもや孫の写真や動画なら、**「名前のフォルダ」**→**「年齢・年号のフォルダ」**→**「小学校のフォルダ」**などと階層化していくわけです。

タイトルも、それとわかるようなものをつけて、パソコンのデスクトップなど見つけやすい場所に置いておくといいでしょう。

スマホは「個人情報」のかたまり

一方、スマホやパソコンには、**「個人情報」が盛りだくさん。プライバシーの宝庫**でもあります。

いわゆる「デジタル資産」と呼ばれるもので、代表的なのは次の3つ。

- **金融資産……ネット銀行の預金口座、ネット証券の証券口座、電子マネー、ポイントなど。契約しているネットサービスや有料アプリなど**
- **データ……パソコンやタブレットなどの端末内にあるファイル（ワード、エクセル等）、画像・音楽・動画**
- **個人情報……スマホやSNSに残された連絡先や、写真データなど**

これらは、あなたの重要な個人情報を含んでいるため、取り扱いは要注意です。それぞれ適切に保存・共有をして情報の漏洩を防ぎましょう。

金融資産については、他の資産と同じように、エンディングノートなどに口座情報を残しておくのがおすすめですが、**問題はパスワード管理。**パスワードを忘れると、ファイルが開けられなくなってしまいます。

自分が亡くなった時、あるいは、認知症などで判断能力がなくなった時、どのようにしてこれらの情報を家族や周囲に伝えるかです。

具体的に、私のおすすめの管理術をお教えしますね。次の手順で考えてみてください。

【誰にも見られたくないデータの管理】

❶ 見られたくないデータはあらかじめ削除しておく

❷ データやフォルダにパスワードを設定する

【何かあった時に見てほしいデータの管理】

1 エンディングノートなどに情報を書き残す
2 パソコン上にも残す場合は「見てほしいフォルダ」を作ってデータを格納
3 定期的に確認して更新していく

私のお客さまの中に、数年前に奥さまをがんで亡くされた60代の男性がいます。奥さまは、亡くなる直前までフリーランスで仕事を続けており、余命宣告を受けた後、パソコンの端に、IDとパスワードの付箋を貼るようになったそうです。

奥さまが亡くなった後、ご主人は、そのIDとパスワードを使ってパソコンを開いてみました。

デスクトップには、「私が死んだら開くこと」というフォルダがあり、中には、デジタル資産のIDとパスワード一覧、仕事とプライベートなことの引き継ぎや連絡先に関するファイル、一緒に撮った思い出の写真データが納められていたと言います。

ご夫婦は、50代で熟年婚をして、お子さんはいません。

「妻が、どんな想いでこのフォルダを準備してくれたのかと思うと、切ないような、うれしいような。夫婦でいられた期間は長くありませんでしたが、思い出がたくさんあったなあと、いつも眺めています」

チェックしよう

まとめ

□ スマホの写真は家族や周りの人がわかりやすいよう、フォルダ分けしましょう

□ スマホに「個人情報」があるか、確認してみましょう

□ 自分が亡くなった時、見られたくないデータがないか考えてみましょう

□ 誰にも見られたくないデータは削除しておきましょう

□ 見られたくないデータにはパスワードを設定しましょう

□ 何かあった場合、見てほしいデータは、エンディングノートなどに書き残しましょう

□ 見てほしいデータをパソコンに残す場合は、「見てほしい」フォルダを作って格納しておきましょう

遺影は自分のベストショットを共有して選ぶ

「誕生」「結婚」「葬式」

この3つは、**自分が主役になれる人生の三大イベント**です。ただ、誕生の時なんて、自分では何もできませんし、結婚はしない人もいます。

でも、人は、必ずいつか死にます。**葬式は、自分自身がプロデュースできるライフイベントの1つだと考えれば、ちょっとワクワクしませんか。**

中でも、手軽に準備できて、かつ重要なのが「遺影写真」です。

「遺影」と聞くと、抵抗がある人もいるでしょう。でも、**自分の「ベストショット」**

を選んでみる、と考えるとどうでしょうか。

それなら、SNSのアイコンにしたり、家族や友人に共有して楽しんだり、今すぐにでも活かせますよね。共有してみると、「こっちの写真のほうがいい」なんて話も出てくるかもしれません。それを遺影にしてもいいじゃないってことです。

遺影って、お葬式に行くと、祭壇の真ん中にドーンと飾られていますよね。それなのに、いざ遺族が遺影用の写真を選ぶとなると、ふさわしい写真がないなんてことも。写真を撮る機会が少ない人ならなおさらです。

あなたも、誰かのお葬式に参列した時に遺影写真を見て、「もうちょっと、いい写真がなかったのかしら」などと思ったことはありませんか。

死後の手続きは時間との勝負。死亡から7日以内に死亡届を提出して、火葬許可証を取得して、葬儀社と葬儀の準備を進めて……などなど、家族は悲しみに浸る間

もないまま、手続きに追われることになります。

当然、遺影用の写真を選んでいる時間的な余裕などなく、「ええい、これでいいや」となってしまうかもしれません。


でも、遺影写真は、お葬式の後は仏壇に飾られ、ずっと目にするものです。そうであれば、残された人があなたと過ごした楽しい時間を思い出したり、あなたの人柄がにじみ出たりするような写真がいいですよね。

「遺影写真」を誰に撮ってもらいますか？

手持ちの写真に満足できる写真がない人におすすめなのが、生前に遺影写真をプロに撮ってもらうことです。

それなら、自分がお気に入りの写真をじっくり選ぶことができますし、亡くなった後の家族の負担も、多少は軽くなります。

プロに撮影してもらうと、仕上がりがグッと違います。ヘアやメイクが付いたオプションもありますし、ポーズなどもプロにアドバイスしてもらえて、ちょっとしたモデル気分です。

私のお客さまの70代の男性は、遺影写真で大事なのは「誰に撮ってもらうか」だとおっしゃっていました。**家族、特に子どもに撮ってもらった写真は、自分が見ても、柔らかないい表情になっている**のだそうです。

私も仕事柄、取材などで写真を撮られる機会が多いのですが、プロのカメラマンに撮ってもらった時は、仕事の顔。娘に撮ってもらった時は、母の顔になっています。確かに、表情が違っているんです。

さて、あなたは、自分の遺影写真を誰に撮ってもらいたいですか。

チェックしよう

まとめ

□ お気に入りの自分の写真を選んだり、撮ったりしましょう

□ 選んだ写真を家族や友人に共有してみましょう

□ 写真について、家族や友人の感想を聞いてみましょう

□ 手持ちの写真に満足しない人は、プロに撮ってもらいましょう

□ 自分のベストショットが決まったら、SNSで活用してみましょう

第3章

やりたいことを全部やりきりたい

ここからの人生を楽しみ尽くす方法

突然ですが、あなたの人生は何点ですか？

100点満点と答えられる人は、なかなかいないかもしれませんね。

それに、なんとなく70点くらいとか、漠然とした答えになってしまいそう。

でも、今の人生に対する解像度を上げることには、大きな意味があります。今が70点なら、あとの足りない30点はなんでしょうか。そう気づくと「満点に近づけるには、どうしたらいいだろう？」と考えませんか。

（70点で満足！　であっても、現状維持するために頑張りますよね）

そうです、**「人生は何点だろう？」という質問は、これからの人生を充実させるための〝思考スイッチ〟を入れるきっかけになります。**

そこで、ご紹介したいのが**「人生の輪（ライフホイール）」**です。

これは、現在の自分と理想とのギャップを「見える化」するツールです。

「人生の輪」は、あなたの人生を8つの分野に分解して、自己分析するのに役立ちます。

次に挙げる各分野の問いかけをヒントにしながら、分野ごとの満足度を10点満点で考えてみてください。

あなたの「人生の輪」を完成させてみよう

仕事・キャリア・経験…………　点

● 今（あるいはこれまで）の仕事や経験に満足していますか？
● 好きな仕事をしていますか？

● 自身のキャリアや経験に対して肯定的ですか？

お金・経済…………　点

● 今お金を十分に持てていますか？
● 経済的に問題ありませんか？
● 自分の思うように稼げていますか？
● キャッシュフロー（お金の流れ）は良好ですか？

健康…………　点

● 今あなたは健康ですか？
● 身体に心配事はありませんか？
● 規則正しい生活を送れていますか？
● 睡眠や食事は十分ですか？

家族・パートナー…………　点

● 家族やパートナーとの関係は良好ですか？

● 思うようにコミュニケーションが取れていますか？

人間関係…………　点

● 人とのつながりを大事にできていますか？

● 気軽に連絡ができる友人、知人がいますか？

● あなたが属するコミュニティ内での人間関係はどうですか？

● 付き合いたいと思える人と付き合えていますか？

学び・自己啓発…………　点

● 新たに学びたいことに着手できていますか？

● 自分自身のための選択をしていますか？

● 現状維持の生活になっていませんか？

● 自己投資できていますか？

遊び・余暇…………　点

● ワクワク楽しめることがありますか？

●ゆっくりリラックスするようなタイミングがありますか？

物理的環境………点

●今の住環境に満足していますか？

●ほしいものを十分持てていますか？

あなたの人生の輪を完成させてみて、いかがでしょうか？

人生の輪の理想の状態を完全な円だとすると、あなたの人生

【人生の輪】

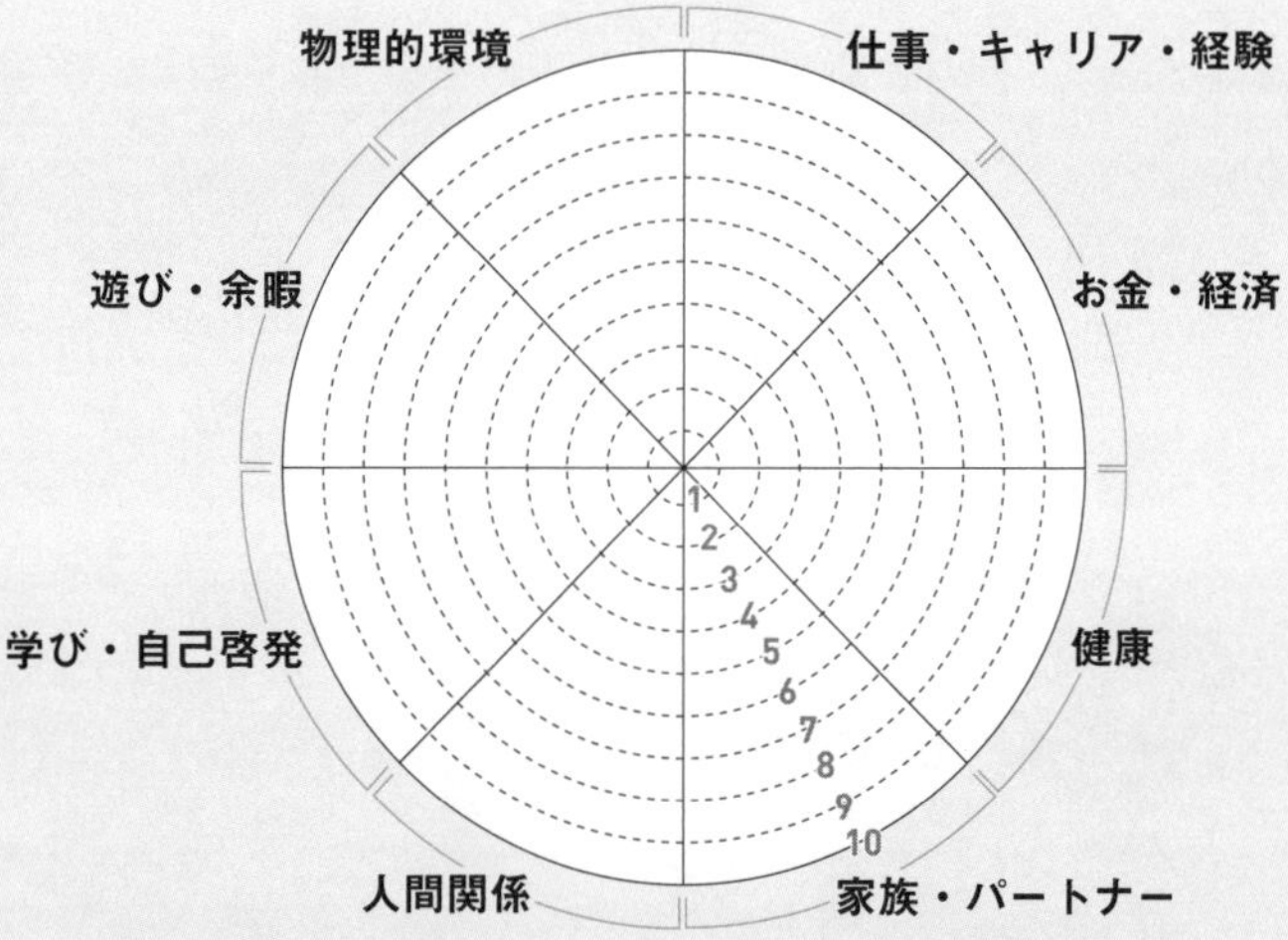

それぞれの分野について、91 ～ 94 ページの問いかけをヒントに、満足度を10点満点で考えてみましょう。円の内側から外側にかけて点が高くなります。自分の点に該当する部分をぬりつぶしましょう。

の輪は、どうなっていますか。

これを車輪に見立てた時、小さかったり、デコボコだったりすると、走りにくいですよね。

こんなふうに人生を俯瞰《ふかん》してみると、**今の自分に足りないものや、「ここは、もっとこうしたい」**など、いろいろと見えてきたのではと思います。

人生に悔いを残さず、今日や明日を楽しく過ごす。これも立派な終活です。そのために、やりたいことをやり尽くす！　くらいの気概でいろいろ取り組んでみてもよいと思いますよ。

そこで、自分の理想に近づくために、行動してみましょう！　となりますが、ここで行動に移す前の大事なポイントが2つあります。

1つは、**ゴールを、「しなければならない」（have to）目標ではなく、「これ**

ならやってみたい」というワクワク（want to）目標にすること。

もう1つは、**結果ではなく、小さなことでも自分の行動自体を認めてあげることです。**ちょっとした行動でもよしとするうち、何かしらの結果も出て、それが行動し続けるモチベーションにつながります。

私の場合、日々の仕事や家事に追われて、「遊び・余暇」の分野の満足度がかなり低めなので、「好きな画家の展示会に行く」というワクワクする目標をよく立てます。仮に結果として行けなかったとしても、例えば「観に行く予定日に仕事を入れないよう調整した」「チケットを購入した」などの行動目標がクリアできたらOK、としています。

最優先事項は、限りある時間とお金よりも「健康」

「老後のお金の問題は、〇〇をすれば解決！　みたいな、簡単にできて続けられる、そんないい方法はありませんか？」

こんな難しい質問をしてくる人がいます。

もちろん、そんな方法やルールがあれば、とても魅力的なのですが、物事はそんな単純ではありません。人によってさまざまな状況が想定されるため、本当のところは、「人によって個人差があります」「あなたの年齢や年収によって違います」とお答えするしかありません。

そんな時、「目からうろこ」の発想を提案している人の本を読みました。

「ゼロで死ね」

衝撃的なタイトルの『DIE WITH ZERO 人生が豊かになりすぎる究極のルール』（ビル・パーキンス著、児島修訳／ダイヤモンド社）は、人生を豊かにするための9つのルールが紹介されていますが、どれも、なるほどと、うなずかされるものばかりです。

中でも、みなさんに考えていただきたいのは**「年齢に合わせて『お金、健康、時間』を最適化する」というルール**です。

「お金」「健康」「時間」は、人生を最大限に充実させるための三大要素と、ビル・パーキンスも書いています。

でも、残念ながら、これらが同時に潤沢に手に入ることはめったにありません。

一般的に、若い時は、健康で時間もありますが、**お金はあまりない。**

中年期は、まだまだ健康ですし、お金も若い時よりはあるはず。でも、仕事や家事、育児、あるいは親の介護などで、**絶対的に時間が足りない**。

そして、高齢者は、リタイヤしていれば時間はあるし、お金も若い時より持っている人が多いもの。ただし、**健康は衰えていく**。

こんなふうに、年代によって、三要素のバランスは異なります。

でも、人生を豊かで充実したものにするためには、これらのバランスが取れていることが重要だということは、なんとなくわかりますよね。

それなら、**その年代で豊富な要素を、不足しているほかの要素と交換**しちゃえばいいんです（あくまでも、その年代での基本モデルですが）。

例えば、健康を維持するために、ジムに通うのは、お金・時間と健康を交換するようなものです。

また、お金で時間を買うこともできます。例えば、30分歩いて病院に行くよりも、タクシーを使って5分で到着すれば、他にできることが増えます。ただし、**お金と時間は有限です。そして、健康でなければ、お金があっても人生を楽しむことはできません。**

お金、時間、健康のバランスを取るのが大事なのは確かですが、**リタイア後はまず、健康を優先的に考えるのがよい**でしょう。

大腸がんを発症した東郷秀男さん（仮名・60代）は、加入していたがん保険から、800万円もの給付金を受け取りました。多額のお金が手に入って、最初は

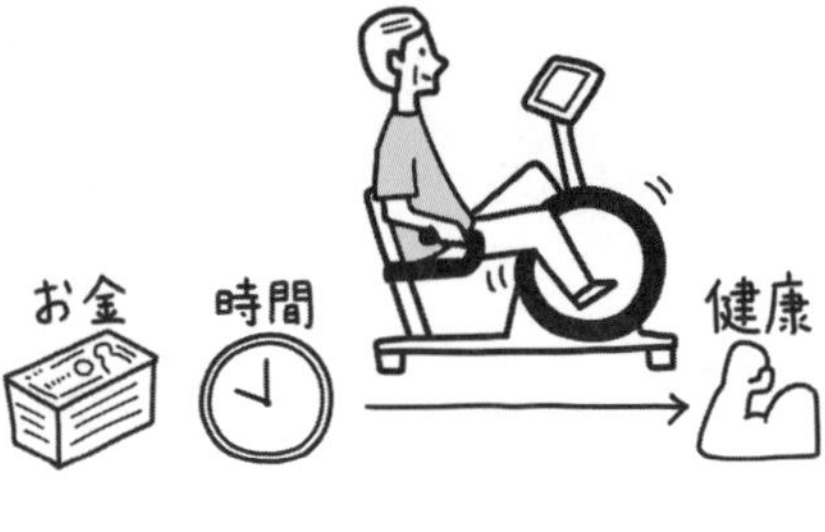

喜んでいた秀男さんでしたが、健康だった頃と同じようには体が動きません。

「いっぱいお金があっても、健康じゃなければ、全然うれしくありませんよ。病気になって、健康のありがたみがわかりました」と言います。

お金自体には何の価値もありません。お金は、それを使って、人生を豊かにするためにあるのです。

もしお金があっても、健康でなかったら?

そう考えてみると、これからの行動が変わりませんか。

チェックしよう
まとめ

□ お金と時間があったら、したいことを挙げてみましょう
□ 「したいこと」は、健康でなくてもできるか確認しましょう

あなたの気分が上がるものはなんですか？

「自分だけが楽しむなんて、なんだか申し訳ない……」

こんなふうに罪悪感を覚えたり、なんて自己中心的なんだろう、と思ったりすることはありますか。

長年、**誰かのためという「他人軸」で行動していると、なかなか、「自分軸」で物事が考えられなくなっている**ことがあります。

例えば、スーパーに買い物に行った時。私は、自分が食べたいものよりも、つい、家族が喜んでくれそうな食材を買ってしまいます。

長年の習慣というやつですね。

だからこそ、「自分が楽しいと感じられるコトやモノを、意識して探してみてください」と終活の相談に来るお客さまには、お伝えしています。

自分の楽しみに正直な人ほど、幸福感が得られやすくなるはずだからです。

では、質問。あなたが楽しいと思うこと、3つ挙げてください。

ぱっと思いつかない人は、嫌なことがあった時、どんなことをして気を紛らわせていますか。

おいしいものを食べる？　仲よしの人にグチを聞いてもらう？　それとも、ぼーっとテレビを見るなんてこともあるかもしれませんね。

もしくは、あなたが最近笑顔になった時は、どんな時だったでしょうか。散歩するかわいい犬を見か

けた時？　時計の長針がぴったり12時をさしていた時？

その**思い付いたことが、きっとあなたの楽しいと感じられることのヒントになる**はずです。

ちなみに、私の楽しみは、家族が誰もいない夜。1人で、ワインを飲みながら、好きな映画を観ること。

妻として、母として、娘として。家族と一緒の時間も楽しいし大事ですが、時には1人の人間として、自分と向き合うことも必要だと思っています。

自分の楽しみを見つけるのも大切な終活

人間はいずれ1人になっていきます。

そう感じたのは、ある人のお話を聞いたからです。

関東在住の山口佳代子さん（仮名・70代）のお父さまは92歳になります。昨年、お母さまは、脳梗塞で亡くなりました。

佳代子さんは、90歳を過ぎたお父さまについて、こんなふうにおっしゃいます。

「黒田先生。90歳まで生きるということは、どういうことか想像できますか。仲のよかった友人や知人、親戚などが自分より先に亡くなって、周りに親しい人が誰もいなくなる。生きているだけで孤独になっていくんです」

確かに、その通りだと思いました。

そうであれば、人生１００年時代の今、**自分の楽しみを見つけて、やりたいことを全部やる、というのも、実は大切な終活の１つ**ではないでしょうか。

自分だけの楽しみを持っていれば、それは、**「１人でも人生を楽しめる」**ということです。そういう人は強いです。将来、もしも孤独になってしまっても、生きがいを持って生きていけるはずです。

ぜひ、楽しみを見つけてください。1つと言わず、たくさん。
誰かのための「他人軸」ではなく、**自分だけのための「自分軸」を持つことは、決してわがままではありません。**

チェックしよう
まとめ

- □ 自分だけの楽しみがありますか？　3つ挙げてみましょう
- □ 楽しみが思いつかない人は、最近、自分が笑顔になったことを思い出しましょう

自分のお葬式もイベントの1つとして楽しむ

あなたは、**「自由葬」**って聞いたことがありますか。

これは、**宗教や伝統的な形式にとらわれないお葬式の形式の1つ**で、一般的な仏式の葬儀から宗教的要素をなくした葬儀が行われます。

ここまで聞いて、「お葬式のことなんて、私にはまだ早いわ」と思った人もいますよね。確かに、元気なうちに自分がいなくなった時のことを考えるのは、ちょっとイメージがわかないかもしれません。

でも、結婚式や大切な人のお誕生日会は、「どんなふうにしよう？」と一生懸命考えるのに、なぜお葬式は人任せになってしまうのでしょう。死んだ後のことなんて、残された人がいいようにやってくれればいい。

それも、1つの考えですが、ちょっと待って。

お葬式は、「人生の卒業セレモニー」です。

セレモニーって、盛大にやりますよね。気持ちが高まりますよね。そんなワクワクすることを人にやらせちゃうなんて、人生の楽しみを1つ失っているかもしれませんよ。

話を戻しましょう。自由葬には、僧侶による読経や説話などはありません。黙とうや献花を行い、スライドや映画を上映したり、故人が好きだった音楽を流したりする**「音楽葬」**や、遺骨を海に散骨してもらう**「海洋葬」**（法律や条例に基づいて節度を持って行われるのが前提）など、さまざまな形があります。

自由葬を選ぶ理由として、

- **お寺との付き合いがなく、宗教的なこだわりがない**
- **お寺へのお布施のしくみなどに疑問がある**
- **慣習やしきたりに縛られず、自由な形で自分らしい葬儀をしたい**
- **自分の遺志や家族の希望を反映させたい**
- **家族間で、信仰している宗教・宗派が異なる**

などがあります。

実際、自由葬に参加した人からは、「よかった」という声を多く聞きます。

「生前から、形式や段取り、遺影、献奏、献唱の選曲など、綿密に計画を立てられたことが伺える。故人らしく、かつ厳かな葬儀だった」

「シンプルだけど、とてもよかった。自分もあんなふうにしたい」

一般的な仏式の葬儀を行う人が約7割で、自由葬を選択する人はまだまだ少数派ですが、満足度は高いようです。

自分の希望通りの葬儀が叶うかは遺族次第

ただし、自由葬に限らず、**自分の希望のお葬式のスタイルがあったとしても、その通りに行えるかどうかは、遺族次第**です。

エンディングノートに、葬儀に関する希望を書いても、それを遺族が見つけたのが、〝すべて終わった後〟ということもあります。

それに、**その希望が実現可能かどうかは別問題**です。

依頼した葬儀社が、仏式の葬儀しか取り扱っていない場合、ノウハウがなく、つつがなく執り行えるかどうかわかりません。

また、馴染みのない形式だと、親族や家族全員の理解を得られない可能性もあります。葬儀の希望がある場合、事前に家族と相談することをおすすめします。

自分の死後、葬儀を行う家族や親族がいない、あるいは、家族はいても、高齢だったり遠方に住んでいて、葬儀ができない「おひとりさま」はどうなるのでしょう。

後見人がついていても、その業務は被後見人が死亡した時点で終了してしまいます。とはいえ、ご遺体を放置することはできませんので、後見人が家族の代理で喪主となってお葬式を行います。

あるいは、身寄りのない人が、病院や施設で亡くなった場合は、自治体が遺体を引き取って、法律に沿って自治体が葬儀・埋葬を行います。

その場合は、いずれも最低限の火葬（直葬）のみです。

お葬式は自分の人生総仕上げのセレモニー。こう考えると、生きている間にどんなふうにするか楽しんでみるのも悪くない、という気持ちになってきませんか。

チェックしよう

まとめ

- □ お葬式は人生の一大セレモニーと考えてみましょう
- □ 自分のお葬式を自由葬で考えた時、どんなことを盛り込みたいか想像してみましょう
- □ 「お葬式で叶えたいことリスト」を作ってみましょう
- □ 「お葬式で叶えたいことリスト」は、定期的にチェックして更新してみましょう

人生後半のお金は「今」使っておいたほうがいいワケ

私はFPですが、そう聞くと、節約や貯蓄、投資のアドバイザーというイメージが強いかもしれません。

でも実際には、**「お金をどう使うか」といったアドバイスをすることもたくさんあります。**

と言うのも、何千万円も貯蓄があるのにTシャツ1枚、買い替えるのをためらう人が少なくないからです。特に、年金で生活している高齢者に、その傾向は強いと思います。

確かに、手持ちのお金で、残りの人生を生きていかねばならないわけですから、それを切り崩して使うのを躊躇《ちゅうちょ》してしまうお気持ちはわかります。「老後破産」という言葉を、テレビや新聞で聞くからかもしれません。

しかし、**お金は使うことに意味がある**のです。

残りの人生で使えるお金、どれくらいあるの？

もし、自分がいつ死ぬかわかっているなら、それに合わせてお金を使い切るのが一番。でも、死ぬ時期なんてわからないから不安で使えない。

この問題に対して、ライフサイクル仮説（ＬＣＨ）を提唱して、１９８５年にノーベル賞を受賞した経済学者フランコ・モディリアーニが、とてもシンプルかつ明快な答えを出しています。

「安全に、かつ不要な金を残さないためには、人が生きられる最長の年齢を想定すればいい」

つまり、自分ができる限り長寿をまっとうすることを前提に、1年当たりの使う金額を決定するというものです。

どれくらい生きられるかは個人差がありますから、**「平均余命」**で考えてみましょう。**平均余命は、ある年齢の人が、その後何年生きられるかを示した期待値**で、おおむね平均寿命よりも長くなります。

例えば、70歳の平均余命は男性約15年、女性約20年です。

70歳以上の平均貯蓄額は約1595万円（厚生労働省「2022年　国民生活基礎調査の概況」）ですから、平均余命まで長生きした場合、男性は平均貯蓄額を15で割ると年間107万円、それを1年の12で割ると約8・9万円、女性は20で割って約6・6万円を毎月使うことができる計算です。

計算式にすると、こんな感じです。**ぜひ自分の年齢の時点の平均寿命と貯蓄額を当てはめてみてください。**

この額が多いか少ないかは、さておき。重要なのは、ほとんどの人が、この簡単な試算すらしていないということです。

まずは計算をしてみてください。そうすれば、今の生活のままでよいのか、それとも節約したほうがよいのか、あるいは安心してもっとお金を使ってよいのか目に見えるはずです。

あなたがお金を使える期間は意外に短いかも？

残りの人生で使えるお金を、

以下の計算式で割り出してみましょう。

※平均余命は、下記におもな年齢の例を挙げました。
　自分の年齢に一番近いものを当てはめてみてください。

貯蓄額÷平均余命

＝1年間に使えるお金

・75歳の平均余命は男性約12年、女性約15年
・80歳の平均余命は男性約9年、女性約12年
・85歳の平均余命は男性約6年、女性約8年

お金は「使う」ことに意味がありますが、**シニアのみなさんの場合、「今」お金を使うほうがいい**のです。それは、お金を使って、**やりたいことができる期間というのは、意外に短い**かもしれないからです。

2022年の日本人の**「平均寿命」**は男性81・05歳、女性87・09歳。一方、2019（令和元）年の**「健康寿命」**は男性72・68歳、女性75・38歳。平均寿命と、健康に生活できる期間との差は、男性で約9年、女性で約12年もあります。

もちろん、人生後半の認知症や要介護状態等に備えることも大切です。でも、自分のためにお金を使えないうちにそうなってしまったのでは、あまりにも残念です。

そこで、ぜひ早めに確認してほしいのが、預貯金などの資産の状況です。特に、**普段使っていない銀行口座があるかどうかは要注意です。**長い間、引き出しや預け入れなどがない預金は、「休眠口座」となり、引き出す際の手間が増えたり、口座の管理手数料がかかったりします。

「もしかして……」と思い当たることがある人は、休眠口座がないか確認してください。

今、使ったほうがいいお金が、そこに眠っているかもしれません。

チェックしよう

まとめ

- □ 残りの人生で、自分が使えるお金を算出してみましょう
- □ 毎月、使えるお金を計算してみましょう
- □ 今月、そのお金を使ってしたいことを挙げましょう
- □ 使っていない銀行口座がないか確認してみましょう

※350ページに、もっと知りたい！　あなたへの情報があります。

誰と住むのが一番心地よいですか？

あなたの老後は、どのパターンを望みますか？

1 **「子どもと同居したい」**
2 **「子どもの近くに住みたい」**
3 **「（子どもとは）別々に暮らしたい」**

これは、内閣府による「国民生活に関する世論調査（平成28年度）」の質問です。

さて、結果は、次の通りとなりました。

【同居派】計23・7％
【近居派】計31・6％
【別居派】計36・0％

全体的に一番多かったのは、別居派でした。ちょっと意外ですね。

この調査は、性別や年齢、都市規模、従業上の地位、職業などでも細かくデータを出しています。特徴を下の図にまとめました。

ただ、ここで紹介したのはあくまで統計。データ上のことです。

同居派（23.7%）	小都市（人口10万人未満の市）在住の70歳以上の男性・女性。自営業者、無職や農林漁業職などが比較的多い。
近居派（31.6%）	中都市（人口10万人以上の市）在住の20代～50代の女性。会社にお勤めの人（雇用者）、家族従業者などが比較的多い。
別居派（36.0%）	大都市（東京都区部、政令指定都市）在住の40～60代の男性、60代の女性。会社にお勤めの管理・専門技術・事務職などが比較的多い。

働いている間は別居あるいは近居、70代になると同居の意向が強くなり、それが地方ほど色濃いという傾向がある。同居希望者が、自営業や無職などに多いのも年金が少なく、経済的な理由からとも考えられる。

あなたは、ここから先の未来、誰と一緒に住むことを選びますか。

確かに、今の生活を変えるのは、なかなか難しいかもしれませんね。「現状維持」があなたのベストな選択であればよいのですが、**あなたが一番居心地よくて、幸せな住まいを想像してみてください。**そこには、一緒に誰がいますか。人生後半の人間関係を見つめ直すにも、よい機会だと思います。

理想の暮らし方を「今」考える

老後の住まいへの希望は、「誰と暮らしたいか」だけではありません。**「どこで暮らしたいか」「どんな暮らし方をしたいか」も重要**です。

住まいは「暮らしの礎《いしずえ》」とも言える場所。でも、お金がかかる上に、住み替えるとなると、気力・体力ともに必要です。

だからこそ、あなたの希望する暮らし方を、具体的にイメージしてみることをおすすめします。


海が見える家をインターネットで探してみる。

これからも犬を散歩させる体力があるだろうか。

一人暮らしをしたら……でも急に病気になったら？

楽しくなることも、そうでないことも、いろいろ思いを巡らせてみると、本当は誰と住みたいのか、どんな暮らしがしたいのか、より明確になってくるはず。


そして、具体的なイメージのヒントが見えてきたなら、できるだけ後回しにせず、今、これからの暮らし方に向き合ってみてください。

チェックしよう

まとめ

□ これから、誰と住みたいかはっきりしていますか?

□ どこで、どんなふうに暮らしたいか、より具体的に挙げてみましょう

どこでシニアライフを満喫するのか？

「老後は夫婦で暖かい土地に移ってのんびり暮らしたいんです」

そんなシニアライフを夢見る人もいるようです。

何かを大きく変えたりすることにはエネルギーが必要です。疲れます。

でも、**退職するタイミング、終活を始めるタイミングなどは、その何かを大きく変える絶好の機会**とも言えますね。

ただ、119ページで「老後に誰と住みたいか」という住まいへの希望について述べましたが、「終《つい》の棲家《すみか》をどうするか」も悩ましい問題です。

老後の住まいを考える時に、必ず考慮してほしいことの1つに、「今、あるいはいずれ、あなたを手助けしてくれる人はいるか」があります。

なぜなら、**人によりますが、ほぼ誰でも、誰かの手助けが必要な時期が訪れるからです。**安心できる老後の住まいと介護問題とをセットで考えましょう。

それを踏まえたのが、左の老後の住み替えの3パターンです（すでに自宅があるという前提です）。

- **パターン1……できるだけ最後まで自宅で過ごしたい**
- **パターン2……今よりも便利な暮らしをしたい**
- **パターン3……早めに施設に入って安心したい**

では、それぞれを詳しく見てみましょう。

老後の住み替え、どうする？

パターン1は、**住み慣れた自宅で好きなように暮らせるのがメリット**です。「もしも」の時は在宅介護が基本になりますから、**施設介護に比べると、費用も抑えられます。**

でも、住み続けるために建て替えたり、リフォームしたりすると、そのお金は必要です。また、**在宅介護は、家族の負担も大きくなります**ので、そこを考慮せねばなりません。

在宅介護が難しくなった場合、介護施設への住み替えの可能性も視野に入れておくべきでしょう。

そんな時、「予想以上にリフォーム代がかさんで、施設の入居費用が足りなくなった！」と慌てないようにしたいものです。

パターン2は、自宅を売却あるいは賃貸に出すなどして、駅近マンションやサービス付き高齢者住宅（サ高住）などに住み替えるケースです。

メリットは、**今のライフスタイルに合った生活ができる**こと。駅近マンションは、病院や買い物にも便利ですし、「サ高住」は、安否確認や生活相談サービスがついていて安心です。

一方、**住み替えにかかる費用をねん出する必要があります。**要介護状態になった場合、パターン1と同じく、介護施設への住み替えが発生するかもしれません。

パターン3は、**元気なうちから、終の棲家を見つけられる**ため安心です。

常時介護が必要になると、介護居室へ移動することが多いですが、介護付き有料老人ホームなら住み替えは必要ありません。看取りまで手厚い介護を受けられます。

ただし、やはり**施設に入るには、それなりのまとまったお金が必要**です。夫婦で入居するなら費用は2人分かかります。

それに考えてみてください。

高齢者施設とひと口に言いますが、**施設選びは、要介護状態か、自立している状態かで入居先がまったく変わる**のです。

あなたがまだ元気で自立度が高ければ、施設の設備や立地、サービス内容もこだわりたいところですが、寝たきりになってしまえば、関係ありません。その時の状態によって、求めるものがまったく違います。

また、将来の介護を見据えて入居しても、気に入らなくて退去した人の話を耳にしませんか。住み替えは一度ではないかもしれませんよ。

やっぱり「自宅」が一番いい？

3パターンは、金額の多寡は違えども、いずれも**予算や資金調達をどうするか**考えておかなければなりません。

それぞれメリットや注意点はご紹介した通りですが、私の経験上、パターン1を選ぶ人が多いのではないでしょうか。

「できるだけ最後まで自宅がいい。でも、いずれ要介護状態が進んで、自宅に住むのが難しくなったら介護施設に入るのも仕方がない……」と漠然と考えているなら、このパターンです。

と言っても、**「自宅に勝る施設なし」**とはよく言ったものです。

近い将来か遠い将来か、いずれ介護施設に入るとしても、**今住んでいる場所に住み切る気持ちを大事にして、家で過ごす時間を十分に楽しんでいただきたい**と思います。

チェックしよう
まとめ

- □ 125ページの老後の住み替え3パターンをもう一度、見てみましょう
- □ メリット、デメリットを考慮して、それでも住み替えたいか考えてみましょう
- □ 今住んでいる家で過ごす時間を、十分に楽しみましょう

今の家は、10年後も快適に過ごせるか？

「最近、モノにつまずきやすくやすくなった」

ちょっと前までは、なんでもなかった段差でつまずいたり、濡れた床で滑ったり――。大事に至らなくても、**あなたが65歳以上なら、**「ちょっとした不注意」ですませず、自分の体力の衰えを自覚したほうがよいです。

65歳以上の高齢者で、フレイル（加齢により心身が衰えた状態）に該当している人は8・7％と言われています。

また、介護が必要になった原因として、**1位「認知症」**（16・6％）、**2位「脳血管**

疾患」（16・1％）に続き、**「骨折・転倒」**（13・9％）**は3位**にランクインしています（厚生労働省「2022年（令和4年）国民生活基礎調査の概況」）。

気をつけたいのが自宅内での事故です。

国民生活センターに提供された事故情報によると、**65歳以上の高齢者の事故の約8割は住宅で起きています。**

事故が起きやすい場所は、**「居室」「階段」「台所・食堂」**の3か所。

足腰の筋肉が衰えると、足が十分に持ち上がらなくなり、廊下と部屋の段差や、まくれあがったカーペット、布団の端などでつまずきやすいもの。

また、年を取ると、筋力だけでなく、反射的にバランスを取る平衡感覚も低下します。階段を下りる時にふらついて転落する事故も後を絶ちません。

そう考えると、**10年後も快適に暮らすためには、自宅を「今の自分にとって」**

安心・安全な場所にすることは重要です。

そこで、知っておきたいのは、**介護保険を活用した自宅リフォーム**です。

意外と知らない介護保険の使い方

「え？　介護保険って、要介護状態になった時に、訪問介護やデイサービスとか、介護サービスを提供してくれるものじゃないの？」

そんな声が聞こえてきそうです。

いえいえ。介護保険には、

1「住宅改修費」

2「福祉用具の貸与（レンタル）」

3「福祉用具の購入費」

など、介護環境を整えるための制度もあります。

これを利用すれば、住宅を改修したり、福祉用具を借りたり、購入したりする費用の一部を介護保険で負担してくれるのです。

①の住宅改修費は、手すりの取り付けや段差の解消のほか、和式から洋式への便器の取り換えなどが対象です。

介護サービスと同じく**1〜3割の自己負担で工事ができ、上限20万円（原則1回）まで。**夫婦2人で要介護認定を受けていれば合計40万です※。

また、リフォームだけでなく、要介護度に応じて、車いすや介護ベッド、手すり、歩行器などをレンタルすることも可能です。これが②です。

福祉用具を購入するとなると、とにかく高額。介護ベッドなど、買えば10万円から60万円はするでしょう。

それに、要介護度や体の状態が変われば、対応できなくなることだって考えられます。

その点、**レンタルなら、交換や返却も簡単**ですよね。

ただし、お風呂用のいすや手すり、腰掛便座など肌に直接触れるようなものは、ちょっとレンタルで利用するには抵抗感があります。

これが③で、レンタルに向かない所定のものについては、**年間10万円まで購入費用が介護保険の対象となり、1~3割の自己負担でまかなえます。**

ワクワクできる住まいの見直し

将来の介護を見据えた住まいの見直しは大事ですが、介護状態になった時が前提ですから、やりたい、という気持ちになりにくいでしょう。そこでおすすめしたいのは、**「間取りを見直しするよい機会」ととらえてみる**こと。

住宅改修費の対象となるもの以外に、

- **独立した子ども部屋を、映画や音楽を楽しむシアタールームにする**
- **使わない客間をなくしてリビングを広げる**

など。いろいろイメージしてみると、ちょっとワクワクしませんか？

また、ちょっと工夫するだけでも、だいぶ気分は変わります。

床に置きっぱなしになっていたものを片付ければ、スッキリするだけでなく、モノにつまずくリスクも減ります。滑りやすい敷物や座布団は、使う必要がないかもしれません。

照明を交換して日が当たらない場所を明るくすれば、家具にぶつかることが減るだけでなく、部屋の雰囲気も変わるので、新鮮な気持ちになれます。

ほんのひと工夫で住環境はよくなるはずです。

チェックしよう

まとめ

- □ 今の家は、10年後も安全に暮らせそうですか？
- □ 間取りを変えてどんな部屋にしたいか、想像してみましょう
- □ ちょっと片付け、ちょっと模様替え。「プチ工夫」で住環境を改善しましょう

※住宅改修費は、要介護度の度合いに関係なく、介護予防の観点から介護度の軽い要支援1でも利用可。公的制度を賢く利用して、「ちょっと早いかな」くらいの時期から意識しておくのがベスト。

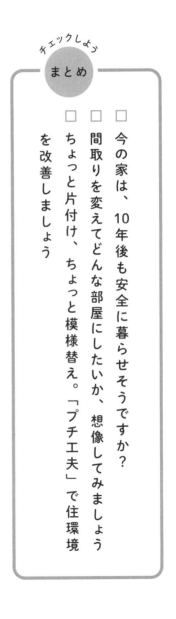

住んでみたい場所はありますか？
夢で終わらせるのはもったいない

私の名刺の裏には、これまでに住んだ土地が印刷されています。

出身は富山で、大学進学を機に京都へ。就職は大阪で、結婚するタイミングで千葉に移り、現在に至るという感じです。

住めば都とよく言ったもので、どの土地もそれぞれに思い入れがあります。

また、20代で世界一周旅行をしたくらいですから、海外旅行も大好きです。

フランスやスペイン、イタリア、ポルトガルの片田舎など、「いずれ、こんなところに住んでみたい」と感じた土地もたくさんありました。

あなたにも、住んでみたかった場所ってありませんか。

老後は、住まう場所自体を変えるのも、選択肢の1つかもしれません。年を取っても、引っ越しにはドキドキがいっぱい詰まっていると思いますから。増やせる楽しみは、なるべくたくさん作ってしまうのも手です。

老後の生活場所は、どんなところが人気なのか

SUUMO（スーモ）が、全国の賃貸居住者を対象にした「老後を過ごしたい都道府県」ランキング（2018年）の結果は、次の通りです。

1位　沖縄県／2位　東京都／3位　福岡県／4位　神奈川県／5位　北海道

「沖縄県」が圧倒的な人気で1位となっています。

やはり、老後は、誰しも温暖な土地で、のんびり過ごしたいと思いますよね。

ただ、5位が正反対の「北海道」ですから、ゆったりと非日常を味わえるリゾート地が人気なのかもしれません。

そして、2位以下の「東京都」、「福岡県」、「神奈川県」は、いわゆる都会が並びます。年齢にかかわらず、都会へのあこがれがあるのかもしれませんし、なにより都心部の利便性の高さは魅力なのでしょう。

そこで、実際に移住した人が経験した、それぞれのパターンでよかった点、悪かった点をご紹介しましょう。

「都会」から「地方」へ移住して、よかった点

- **自然豊かな土地でスローライフを楽しめる**
- **生活コストが低い**

●バブル期のマンションや別荘などが破格の値段で買える

「都会」から「地方」へ移住して、悪かった点

●子育て世代は歓迎ムードだが、高齢者世代はなかなか受け入れられにくい

●近所付き合いがめんどう

●思ったほど生活コストが減らないこともある

●日常生活に車が不可欠でコストもかかる

●運転できない年になった時が心配

●都心に戻りたくても、家が売却できない

「地方」から「都会」へ移住して、よかった点

●生活必需品や病院など、さまざまなものが身近でそろえられて便利

●飲食店や娯楽が多く楽しめる

●車がなくても、年を取ってから生活しやすい

「地方」から「都会」へ移住して、悪かった点

- とにかく物価が高い
- 近所付き合いが希薄でさびしい

老後の移住と言えば、都会から田舎に行くイメージが強いかもしれません。でも、利便性の高さを考えれば、逆もありますよね。

国がすすめる老後の生活スタイル

ただ、国は、高齢者の地方移住を推進しています。

お手本はCCRCという米国発祥の富裕層向けの高齢者居住生活スタイルで、日本版CCRCでは、「高齢者が元気なうちに移住し、仕事や社会活動を通じ地域の担い手として活動しながら、必要に応じて医療・介護を受けられる共同体」を目指して

います。

いずれにせよ、**移住を考えるなら、そこでどんな生活をしたいのか。まずはそのイメージを固めることが大切**です。

都市部か、田舎か。悠々自適か、仕事をするのか。そして、移住の目的は何か。自分の経済状況や性格、価値観を見つめ直し、暮らし方を思い描いてみましょう。むやみに情報を収集するのではなく、まずはそこからです。

チェックしよう
まとめ

□ **老後に住んでみたい場所を考えてみましょう**
□ **老後の生活で何に重きを置きたいか具体的に考えてみましょう**

※351ページに、もっと知りたい！　あなたへの情報があります。

今からでもお金を増やすべき？ 人生後半のおすすめ投資術

２０２４年１月から「新ＮＩＳＡ」が始まりました。

本屋さんには、ＮＩＳＡ関連の書籍がずらりと並び、ネットなどでも、「新ＮＩＳＡ活用法！」といった記事が目立ちます。

60代・70代でも、なんとなく気になっている人もいると思います。

今からでも、お金を増やすために投資を始めたほうがよいのか……。

その答えは、**「時間」と「余裕」があるかどうかしだい**です。

株式や投資信託など、収益性のある金融商品は、価格が変動するというリスクがあります。つまり、病気や介護、自宅のリフォームなど、お金が必要な時期に、都合よく買った商品が値上がりしているとは限らないのです。

ただし、時間があれば、再び価格が上昇するのを待っていられます。

そして**「余裕」とは、経済的なものと、精神的なものの2つがあります。**

投資に回しているお金がゼロになっても、生活には困らない。

投資で損をしていても、イライラしたり、気持ちが落ち込んだりしない。

そんな余裕です。とにかく、**シニアの投資にストレスは禁物**です。

でも、「これまで投資ってやったことがないけど、ずっとやってみたかった」

そんな人はまた別です。ぜひとも、挑戦してみてください。

ただし、前述の時間と余裕がある前提かつ、守ってほしい基本が1つ。

それは、**「5年以上使う予定のないお金」**で**「少額から」**というルールです。

FPの私が老後におすすめする投資とは

例えば、「手持ちの預貯金から100万円を投資に回そう」と思っても、いきなり全額を1つの商品につぎ込むのは、おすすめしません。

リスクはゼロにできませんが、**投資する時期・対象・期間を分ける分散投資でリスクを抑える**ことができます。集中投資はやめましょう。


投資ビギナーがよくやる失敗例は、ちょっと儲かると、すでに使う予定が決まっている定期預金などを解約して、さらに投資してしまうケースです。

最初、上限を100万円と決めたら、その範囲で売買すればいいのです。損失は、それ以上膨らむことはありません。

そして、**金融機関の営業マンの甘い言葉に乗らない**こと。

おすすめされるのは、金融機関が売りたい商品であって、あなたのニーズに合った商品とは限りません。自分が理解できないと思ったら、知ったかぶりをせず、**投資をやめる勇気も大切**です。

なお、フィデリティ退職・投資教育研究所が65~79歳を対象に行った「高齢者の金融リテラシー」調査によると、詐欺的投資の勧誘など金融詐欺の被害は4・6%ですが、金融知識の自信過剰者は9・0%と高くなっています。

つまり、金融リテラシー(知識)が低い人よりも、**金融リテラシーが高いと思い込んでいる人ほど、金融トラブルに遭いやすい**ということです。

では、具体的にどんな投資があるか、ポイントだけお話ししましょう。

「投資信託とか、積立投資やＮＩＳＡがいいとかって聞くけど、そもそも、違いがよくわからない……」という人はいませんか。

ひと言で言うと、投資信託は金融商品のこと。積立投資は投資手法のこと。ＮＩＳＡは国の少額投資非課税制度の略です。

つまり、**ＮＩＳＡは非課税の箱のようなもの。**投資信託という商品を、国が成人（18歳以上）全員にプレゼントしてくれるＮＩＳＡに入れると、非課税で投資できるしくみです。

例えば、投資信託を１００万円買って、２００万円で売った場合、通常だと、**儲けの１００万から20万円以上が税金で取られてしまいます。**

それが、**ＮＩＳＡに入れてあると、１００万円丸々受け取れる**わけです。

もちろん、プレゼントされても使うかどうかはその人の自由です。でも、投資をするなら、NISAの箱の中でやったほうがおトクですよね。だから、NISAが大人気なのです。

私がシニアにおすすめするのもNISAです。

チェックしよう

まとめ

□ **ずっと投資をやってみたかったなら、「5年以上使う予定のないお金」で少額からチャレンジ**

※352ページに、もっと知りたい！　あなたへの情報があります。

第4章

「絆」を感じたい

「1人で生きる」＝「孤独」ではない

想像してください。あなたは自分の「お葬式」、誰に来てもらいたいですか。

なぜ、こんな質問をするのか。それは、**人生後半の人間関係では、これまで築いた関係をあたため直してほしい**からです。つまり、こういうことです。

新しい関係を作る

＞

人間関係を再構築する

新しい人間関係を作る、これはどの世代の人にとっても、なかなかハードルが高いことです。

でも、これまでの人間関係を見つめ直すことだったら、もっと簡単ですよね。

先ほどの質問で、頭に浮かんできた人は、どんな人でしょう。あなたと関係の強い人、結びつきの強い人だと思います。良好な関係が続いている人もいれば、かつてはよい関係だったけれども、中には疎遠になってしまった人もいるかもしれません。

ただ、大事なのは、**あなたはすでに「宝である人間関係」を持っている**ということです。

終活は、これまでの素敵な人間関係を掘り起こすことでもあります。

「古い人間関係」は、これまでの積み重ねがあるから、安心感もあるでしょう。そうした人たちとの関係を強めていきませんか。

連絡が途絶えている人なら、一度、まずは近況を伺ってみるところから始めてください。

さみしさは、どこからやってくるのか？

しかし現代は、１人で生きられてしまう時代でもあります。

24時間営業の店やネットショッピングのおかげで、一歩も外に出ずに生活必需品が手に入り、あらゆるサービスも受けられます。

「誰とも付き合わず１人で生きる」という生き方が選べる時代になっているのです。

これは、シニア世代にとっては喜ばしいことでもあります。家から離れたスーパーまで足を運んで、重い荷物を抱えて帰ったりしなくてもいいのですから。

人との関係をあたため直しても、１人でいる時間は必ずありますよね。その時間をラクに、楽しく過ごせたら、最高じゃないですか。

「年を取って1人で生きるなんて、さみしくないの?」と思うかもしれません。

ただ、1人で生きることが孤独である、さみしいことだとは限りません。周りに人がたくさんいるのに、孤独を感じることってありますよね。

それは、**人が孤独感を感じるのは、物理的なものでなく、感情的な問題だから**です。


ここで私が言いたいのは、1人でもさみしくなければそれでOKということではありません。

物理的には、友人や、大事な家族との別れもあるかもしれません。気力、体力が衰え、活動範囲が狭まることで人との関係が薄まるかもしれません。

でも、**物理的には1人でも、誰かと心でつながっていれば、なんらかの絆を感じることができれば、それほど、孤独感は感じないもの**です。

私たちが、心身ともに健康に暮らしていくためには、物質的な満足だけでなく、**自分を受け入れてくれる誰か（あるいは集団）の存在が不可欠**だということです。

終活で「絆」を表現するってどういうこと？

そして、終活をする中で、その絆を感じたり、強めたりすることができます。

例えば、**終活の上で、「絆」と言うと、相続対策もその１つ**にあたります。

「相続」で引き継がれるのは、預貯金や株券、自宅不動産などの物理的な財産です(借金などマイナスの財産もありますが……)。

でも、それは**単なる財産の承継だけでなく、そこに込められた、あなたの想いや絆を形にする**という意味も大きいのではないかと思います。

私のお客さまで、小さい頃に、お父さまをがんで亡くされた人がいます。

「大好きだった父が死んで、本当に悲しかった。でも、父は、自分に何かあっても住む所に困らないよう、私と母のために、団信付きの住宅ローンを組んでマイホームを建て、他の親族に財産を取られないよう生命保険に加入し、遺言書や自分の遺影まで準備しておいてくれました。そこに、私たちへの強い想いを感じました」

絆は目に見えないものですが、こんな形でも感じることができるのです。

「はじめまして」の人に、自分のことをどう伝えるか

あなたは、自己紹介する時、相手にどんなことを伝えますか。

名前や年齢、お住まいの地域、結婚しているかどうか、子どもがいるかどうか、推しの芸能人、ハマっている趣味。好きな食べ物などなど。

自己紹介の場面によって、どのような情報を盛り込むかは、さまざまです。

でも、共通しているのは、**初めて会う人に「自分のことを知ってほしい」**という気持ちと、それをきちんと伝えられる言葉選びでしょう。

実は、**終活においても、知らない人に自分のことを知ってもらう準備がで**

きているかどうかが重要なんです。

なぜか。それは、何かあった時に、あなたのことがパッとわかれば、見知らぬ誰かに助けを乞うこともできるからです。

この準備が大切なのは、年を取っているかどうかは関係ありません。だって、いつ何時、「もしものこと」が起きるかなんて、誰にもわかりませんから。

あなたの基本情報を共有する大切さ

「はじめまして」の人に、何を伝えると、相手にあなたのことを理解してもらえるでしょうか。

それは、あなたに関する基本情報です。

基本情報とは、名前、住所、年齢、身長、体重、血液型、喫煙・アレルギーの有無、かかりつけ医、持病・既往症、内服薬、緊急時の連絡先など、万が一の時に、必要な情報です。

これが役に立った事例を1つご紹介しましょう。

渡辺正雄さん・初枝さん夫婦（仮名・70代）は、自治体が発行している**「緊急情報連絡シート」**を保険証と一緒に財布に入れて、いつも持ち歩くようにしています。

自宅の冷蔵庫の目立つところにも、同じものをはりつけてあるそうです。

そうするようになったのは、2年前に、初枝さんが脳卒中で倒れて、救急車で運ばれた経験があるから。幸い、処置が早かったため、初枝さんに後遺症が残ることはなく、今は、月1回の通院だけで、元気に生活しています。

それでも、当時を振り返ると、大変だったと正雄さんは言います。

「とにかく、気が動転してしまって……。一番困ったのは、妻の持病や、アレルギーについての質問でした。どんな薬を飲んでいたか、普段、あまり気にしてませんよね」

ここで役に立ったのが、お薬手帳でした。几帳面な初枝さんが、自分で、既往症やアレルギーなどについて記入していたのです。

この時、正雄さんは、**緊急時に、これらの基本情報が運命を左右する**ことを実感。それ以来、縮小コピーしたシートを携帯しているそうです。

「内折りだと、緊急隊員さんの目にとまりにくいみたいです。見てほしいメモは、外折りのほうがいいんですよ」と経験者ならではの〝知恵〟まで授けてくれました。

「趣味・嗜好」が実は大切な基本情報である理由

基本情報の中で、それほど重要視されていませんが、実は、大切な情報があります。

それは、**「趣味・嗜好」**です。

特にこれは、認知症など、意思表示が難しくなった時に役に立ちます。

例えば、お気に入りの食べ物や苦手な食べ物。好きな服や色、よく見るテレビの番組や日課、何をしている時に幸せを感じるかなど。家族や周囲が、こうしたことをわかっていれば、本人の好みに合わせて、環境を整えられます。

エンディングノートにこれらを記入する欄はありますが、今、元気な人はすぐにやる気になれないかもしれません。

でも、普段、スケジュール帳などを使っているなら、メモのページに好きな食べ物を書いておく、好きなテレビ番組があるなら、家族も見るカレンダーに毎週印をつけておく、ということならどうでしょうか。

終活のため、と気合を入れて書こうとせずに、「好きなことをメモしておく」、それくらいの感覚で大丈夫です。

それに、意外と、**自分の好きなことをきちんと把握できている人は少ない**ものです。書き出してみると、「ああ、自分はこんなことに興味があったんだな」と再発見できたり、もっといろんなことに取り組んでみたいという意欲がわいてきたりするきっかけになると思います。

ちなみに、96歳で亡くなった私の祖母が好きだった番組は「プロレス」でした。え？　おばあちゃん、プロレス好きなの？　聞いた時、予想外で、びっくりしました。お気に入りは藤波辰巳さん（1990年に藤波辰爾へ改名）でした。

家族の好みって、ちゃんと聞いてみないと、わからないものです。それに、人は、たとえ、**認知機能が衰えても、好きなものは好き。嫌いなものは嫌い**です。

逆に、清々しいほどに遠慮がなくなって、「自分はこれが好き」と、強いこだわりを見せることがあります。

本人にとって、いつまでも、自分の趣味・嗜好に合ったものに囲まれるのは幸せでしょう。家族や周囲も、本人の希望を叶えてあげられれば、それが何よりです。

チェックしよう

まとめ

- □ 好きな食べ物と嫌いな食べ物はなんですか？　できれば、手帳やノートにメモしましょう
- □ 好きな服や色はなんですか？　できれば、手帳やノートにメモしましょう
- □ 日課や趣味がありますか？　できれば、手帳やノートにメモしましょう

頼れる人は何人いますか？
人間関係は絶たずに「復活」させる

あなたが亡くなった時のことを、ちょっと想像してみてください。病院にいれば、誰かがあなたを自宅や葬儀場まで運びます。誰かが、役所へ連絡をするでしょう。終活を考えると、死後の手続きはもちろん、寝たきりや認知症になった時の財産管理や、病院や施設に入院・入所する時の保証人など、**予想以上に、誰かの人の手を借りなければならない**と気づきます。

では、**あなたには、いざという時、頼れる人は何人いますか？**

【いざという時、頼れる人は何人いますか？】
頼れる人の有無別　個人の割合（%）

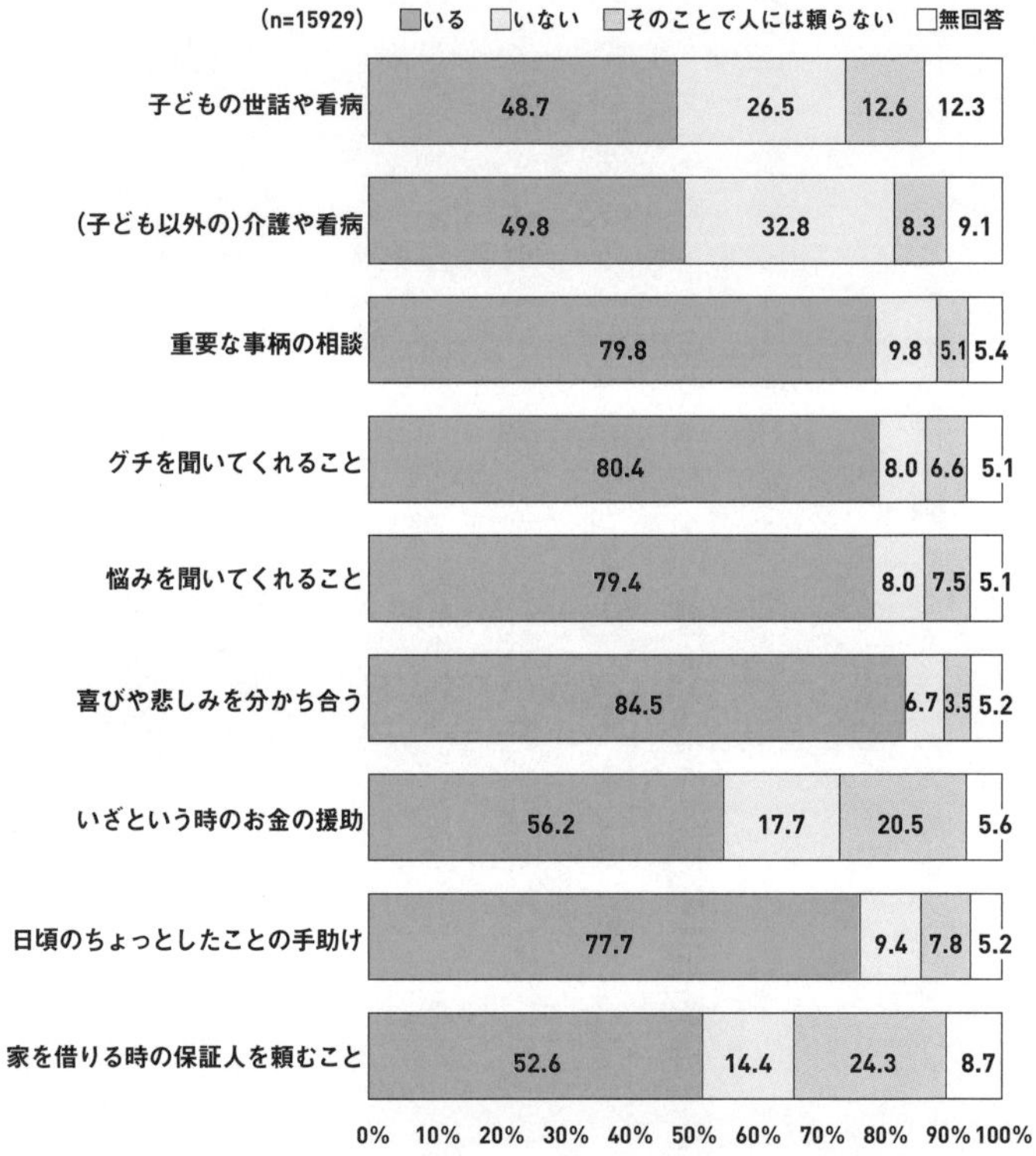

注）個人票により集計している。

国立社会保障・人口問題研究所の「生活と支え合いに関する調査（2022年）」では、日常的な9種類のサポートごとに、頼れる人の有無とその相手を質問しています。

サポート種類別に頼れる人の有無を見ると（右の図）、他の項目に比べて、子どもの世話や看病、（子ども以外の）介護や看病で**「頼れる人がいない」**と回答する人の割合が高いことがわかります。

やはり、子どもの世話や介護、看病は、一定の責任をともなうだけに、安易に頼りにするのも、頼りにされるのも難しいところですよね。

ちなみに気になるのが、**「頼れる人がいない」**と答えた単独世帯男性の割合です。65歳以上の高齢者で24・9％、64歳未満の非高齢者で22・3％。

そもそも、**「そのことでは人に頼らない」**と答えた割合が、ほかの世帯タイプよりも高く、65歳以上の高齢者で12・0％、64歳未満の非高齢者で11・1％。約1割です。

男性は女性に比べて、人に弱音を見せたくないという思いが強いのでしょう。

でも、よく考えてみてください。

ちょっとしたグチを聞いてくれる気安い相手がいないのに、それ以上のサポートを頼める人がいるのでしょうか。

さらに、**「頼れる人がいる」**と答えた人は、いずれのサポートについても頼りにするのは、「家族・親族」が最も高くなっています。

となると、高齢になり「家族・親族」が死別したり、疎遠になったり、あるいは、「おひとりさま」や「ディンクス」(DINKs共働きで子どもを持たない夫婦)など、子どもがいない場合はどうなるでしょう。

些細なつながりも大切な絆の1つ

オウチーノ総研が、首都圏在住の20歳以上の未婚男女を対象に、『縁』に関するアンケート調査」（2015年）を行いました。

「自分に何かあった時、近くに頼れる人はいますか？」

この質問に対して「たくさんいる」と答えた人はわずか3・9％。

「ほとんどいない」（18・1％）もしくは「まったくいない」（44・2％）と回答した人を合わせると、**何かあった時に近くに頼れる人がいない人が6割以上**もいます。

「頼りになる人がいないのは、私だけじゃない」などと、胸をなでおろしている場合ではありません。

いざという時頼りになる人は、**意識しなければ見つかるものではない**のです。

リタイア後は、職場などで毎日人に会うこともなくなり、どうしても人間関係の範囲が狭くなっていきます。その中で、新しく交流を広げるのは難しいかもしれません。

ですから、**関係を増やすのではなく、今ある関係を強めてみてはいかがでしょうか。**

具体的には、付き合いのある友人や知人と普段から連絡を取り合い、お互いの近況を報告しあったり、一緒に出かけたりするのもいいでしょう。

そうして、少しずつ絆を深めながら、何かあった時に、何を、どこまで頼めるか確認しておくことです。

また、**人間関係を「復活させる」**こともおすすめです。これも勇気がいることではありますが、新しい関係を築くよりはずっとハードルが低いと思いませんか。

人間関係を復活させるために、同窓会に出席する、なんていかがでしょう。

そうした人がいなくても、よく行く喫茶店やスーパー、コンビニの店員さん、郵便局や宅配便の配達員さんなどにひと声かけてみるのもいいかもしれません。

些細な人間関係であっても頻度を増やすことで意外なつながりができることもあります。

終活適齢期の人間関係は「断つ」のではなく、「増やす」、「復活させる」に意識を向ける。

そうすることで、心も豊かになる気がしませんか。

同世代の人は、同じ時期に病気や要介護状態になることもあるので、自分よりも若い世代の人とのつながりもあれば、なおよいですね。

チェックしよう
まとめ

- □ 定期的に電話をしたり、一緒に出かける人がいますか？
- □ しばらく会っていない友人で、また会いたい人を想像してみてください
- □ 思い付いた人に連絡をしてみる、誰かに近況を聞いてみる
- □ どこか、行きたい場所、したいことはありますか。それを、誰と一緒にやりたいですか？
- □ よく行くお店の人に話しかけてみましょう

人間関係が強く、濃くなる「年賀状じまい」

「毎年いただいておりました年始のご挨拶ですが、私も寄る年波を感じるに至り、誠に勝手ながら、今年をもちまして、新年のご挨拶状を最後とさせていただきます。今後も、変わらぬお付き合いをお願い申し上げるとともに、みなさまのご健康とご繁栄を心より祈念いたします。」

昨年、仕事でお世話になった80代のA先生から届いた年賀状には、こんな「年賀状じまい」の一文が添えられていました。

年賀状じまいとは、年賀状のやり取りを辞退したいことを伝えるもので、終活の1つとして挙げられます。

年賀状じまいに決まりなし。でも気遣いは大切

年賀状じまいをする際は、行う時期や出すタイミング、相手に失礼にならないよう配慮が求められる、などと終活本には書いてあります。

でも、特に、決まりはありません。

行う時期は、A先生のように、**年齢的に年賀状を出すのが難しくなった人や、還暦や定年退職を迎えた人が行うことが多い**ようです。スマートフォンやSNSが普及したことで、40～50代の現役世代で年賀状じまいを行う人もいます。

実際に、私が40代のBさんからいただいた年賀状じまいの文面は、次の通り。

「さて、勝手ながら本年を最後として、みなさまへの年賀状を控えさせていただくこ

となりました。今後はメールやSNSなどのコミュニケーションツールを活用し、より密に関係を築ければと思っております。IDは、以下の通りです。」

こんなふうに、タイミングとしては、例年のように年賀状を出し、そこに「辞める一文」を添えるパターンが多いと思います。

あるいは、相手が年賀状を出す前に連絡したり、年賀状への返事として、その旨をお知らせしたりするなど、先方への気遣いがあればよいでしょう。

年賀状じまいをすることで、より深いコミュニケーションが取れる

年賀状じまいをすると、**人間関係が希薄になることを懸念する**人もいるようです。

でも、私は、**逆に、年賀状じまいが人間関係を強く、濃厚にしてくれる**と思います。

あなたの年賀状の相手の中には、義理上の付き合いも含まれてはいませんか。
これまでの年賀状を眺めてみて、**「この人であれば、ずっとお付き合いしたい」**、そんな人がいれば、年賀状じまいをして、**別の方法で交流を続ければいい**だけの話です。

年賀状じまいのメリットは、師走の何かと忙しい時期に、手間や時間、お金をかけて、年賀状を書かなければならないというストレスから解放されるだけではありません。

気の進まない付き合いを「断捨離®」することで、より大切な人たちとのコミュニケーションに時間やお金をかけることができると思いませんか。

チェックしよう

まとめ

□ 今、なんとなく、義理で年賀状を送り合っている人がいますか？

□ 「この人とはずっとお付き合いしていきたい」と思う人を思い浮かべてみましょう

老後こそ「お金ですべて解決できる」わけではない

「お金」「健康」「生きがい」

これは、私が老後に必要だと考える3つの要素です。

どれも大事なものですが、**意外に難しいのが「生きがい」を作ること。**

お金や健康は、頑張れば自分でなんとか維持できます。でも、「生きがい」は、1人だけでは、ちょっと難しいかも。

もちろん、趣味やペット、習い事、旅行など、1人でできる「生きがい」も、たくさんあるでしょう。

現役時代なら、「仕事をして認められること」「子育てをして、家族の生活を守ること」など、生きがいとして仕事や子育てを挙げる人は多いと思います。

となると、**子どもが独立し、仕事もリタイアした後の「生きがい」をどうするか。**

終活適齢期のあなたには、結構、切実な問題だと思うのです。

医学博士の柴田博先生は、『サクセスフル・エイジング――老化を理解するために』（東京都老人総合研究所）の中で、生きがいは、高齢者のＱＯＬ（Ｑｕａｌｉｔｙ ｏｆ Ｌｉｆｅ：生活の質）を考える際に重要な概念であるとしています。

「生きがいとは、従来のＱＯＬに**何か他人のためになる、あるいは社会のために役立っているという意識や達成感**が加わったものである」

ある70代の女性のお客さまは、こんなことをおっしゃっていました。

「年を取ると、誰かに『ありがとう』と感謝するばかりで、自分が『ありがとう』と言われなくなった。なんだか、自分が役立たずのお荷物になったみたいで辛い」

そうです。いくつになっても、誰かにありがとうって言ってほしいですよね。

「困った時は、お互いさま」と言える人間関係がありますか？

これが、「老後こそお金ですべて解決できるわけではない」とどうつながるかと言えば、「お金さえあれば、1人でも、老後も介護も問題ない。家族や友人など煩わしい付き合いも不要」と言い切る人が意外に少なくないからです。

でも、考えてみてください。

自分が急に体調を崩したとして、誰かにちょっと買い物や用足しをお願いしたい場合、どうしますか？

もちろん、専門業者に依頼することはできます。

でも、体調が悪いのに、それを手配できるでしょうか。それに、そんなさまつなことにお金を使っていたら、あっという間に老後資金は枯渇《こかつ》してしまいます。

自分が困った時に「お願い！　すぐ来て！」と頼りにできる人がいる。

そして、**誰かが困った時に、お互いさまの精神で、感謝される間柄の人がいるというのは、ちょっとした、生きがいにもつながる**はずです。

困った時に気兼ねなく声を掛け合える相手というのは、逆に、**なんでもない日常の中でも、「ちょっとちょっと、こんなことあったんだけど」というくだらない話だってしあえる仲**ということだと思います。

大したことじゃないのだけれど、小さな幸せを分かち合える。ちょっとしたグチを言い合える。そん

な関係があるだけで、暮らしに彩りが加わるというものです。

離婚歴がある知り合いの中小企業経営者（60代・男性）は、今も絶賛婚活中で、好みの女性は「目鼻立ちのはっきりした、ぽっちゃり美人」だそう。彼が結婚したい理由は「生きがいの創出」だと、きっぱり言い切っていました。お金も仕事も社会的地位もあるけれど、それだけでは人生を豊かに感じられないのでしょう。ということで、**お金だけあっても、幸福度は増しません。**

とりわけ、仕事でできた人間関係は、リタイア後は持続しにくいものです。

趣味や近所での知り合いを増やしたり、時間を作って同窓会を開いてみたり。異性に限らず、老後も長く付き合える友人やパートナーを見つけるって、大事だと思いますよ。

チェックしよう
まとめ

- □「困った時は、お互いさま」と言える人がいますか？
- □ご近所でよく顔を合わせる人に、まずは笑顔で挨拶を心がけてみましょう
- □趣味をきっかけに、気軽に話せる相手を探してみましょう

人生後半の人間関係のコツは「ストレスフリー」

人生後半の人間関係が、いろいろな意味で重要になってくるのは、これまでお話しした通りです。

でも、根底にあるのは、**よい人間関係を構築していくには、自分自身が、人間関係をどのように考えているか、他人に何を求めているか**、だと思います。

なぜなら、人間関係は、**「最高の人生」**を作ってくれるものでもありますが、悩みやトラブルが生まれてしまう原因にもなるからです。

中には、

「人見知りで、知らない人とはうまく付き合えない」
「寄ってくる人は、自分の財産目当てにしか思えず、信用できない」
「特に、趣味も生きがいもない。新しい友人を作りようがない」
などなど、**人間関係や、それ自体をストレスに感じる人もいます。**

生きがいにつながるはずの人生後半の人間関係が、逆にストレスになったら意味がありません。

であれば、**無理に人間関係を作る必要はないと割り切るのも手です。**

そんなあなたが、**身に着けておきたいのは「孤独への耐性」**です。

そして、マンパワーに代わる、**いざという時に備えた「知恵」と「知識」の習得**です。

「1人（＝孤独）はさみしい」という思い込みはありませんか。

ワイワイと集まれる仲間がたくさんいたからといって、幸せとも限りません。一度、そういった思い込みを捨ててみるのも、1つの手です。
自覚はなくても、人と会った後に帰宅して、「あ～疲れた！　しばらく1人の時間がほしい」なんて思う人は、実は人間関係に疲れがちなのかもしれませんよ。

私は、仕事柄、地方出張が多く、もちろん、食事や宿泊先、観光地でも1人です。「あのおばさん、ひとりぼっちで食事をして、かわいそうに」と見えるかもしれませんが、そんな人の目はまったく気にしません。だいたい、自分が意識するほど、人は他人を見ていないものです。

それに、「ソロキャンプ」や「ヒトカラ（1人カラオケ）」、「1人焼肉」など、いろんな体験を1人

ですのは、今や普通です。

究極を言えば、**人間は1人で生まれ、1人で死んでいくもの。**さまざまな経験を積んできたシニアだからこそ、孤独を味わい、1人を愉しむ人生を謳歌したいものです。

チェックしよう
まとめ

- □今ストレスに感じている人間関係はありますか?
- □「1人はさびしい」「友だちがたくさんいる人は幸せだ」という思い込みを捨てましょう
- □一緒にいて、疲れるような人とは距離をとってみましょう
- □人と関わることが苦手であれば、1人時間を楽しめることを探してみましょう

1人の「時間」と「空間」を楽しんでみる

円満な社会生活を送るためには、他人に対する気遣いが求められます。

ただし、「人からいい人と思われたい」という気持ちのあまり、無理して、いい人のフリをしたり、やりたくもない仕事をつい引き受けてしまったり。**自分のことよりも、他人から自分がどう見えるか、評価ばかりが気になってはいませんか。**

心理学では、このように、他人に合わせようとする傾向が過度に強く、自分の気持ちを否定し抑えることを過剰適応と言います。

過剰適応とは、内的適応（自分の気持ちを大切にすること、自分のやりたいことと態度が一致していること）が弱くて、外的適応（他人に合わせること）が強すぎる。

そんな、両者のバランスが崩れている状態なのです。

ようやく手に入れた自分1人の時間を満喫する

ただ、**長年、自分よりも他人優先が習《なら》い性《せい》になっていると、自分が過剰適応の状態にあると気づかないケースもある**と思います。

東北在住の加藤文子さん（仮名・80代）は、自由気ままな1人暮らし。首都圏で就職・独立した3人の息子とは、年に数回、会う程度です。

文子さんと亡くなった夫は、お見合いで結婚し、嫁入りした時は、夫の父母や祖父母も同居する三世帯家族でした。

「田舎の大家族の長男の嫁なんて、朝から晩まで働き詰めですよ。夫や義両親が最優先です。子どもが生まれてからは、自分のことなんて、考える余裕なんか、ありゃしません」

それが、櫛《くし》の歯が抜けるように、夫の祖父母や両親が亡くなり、子どもも家を離れて、夫も10年前に心筋梗塞で亡くなりました。

「葬式の後、息子たちに言われたんです。お母さんは、これまで、嫁として、妻として、母として、誰かのために頑張ってきた。これからは、自分を大切にして、好きなことをして人生を楽しめばいい、って。でも、急にそんなこと言われてもねえ。今さら、できないと思いましたよ」

しばらくして気づいたのは、近所には、自分と同じような境遇の未亡人がたくさんいること。今では、彼女たちと近場の温泉に行ったり、おかずを持ち寄って、おしゃべりをしたりすることも多いそうです。

「誰にも気兼ねせず、自分の好きな時間に起きて、食事をして、お風呂に入って、寝る。テレビのチャンネルも切り替えし放題です。**ささやかですが、自分の時間を自分のためだけに使えるって、私にとっては贅沢**ですよ」

文子さんが言うように、日常のちょっとした幸せに気づければ、幸福度が増していきますね。

何かを変える必要まではなく、「気づき」が大切なんだなと思います。

そして、もし、1人の時間を楽しめない人は、1人は「さびしい」とか「かわいそう」といった思い込みがあるのかも。そんな自分の中の価値観を見つめ直すのも、いい機会かもしれません。

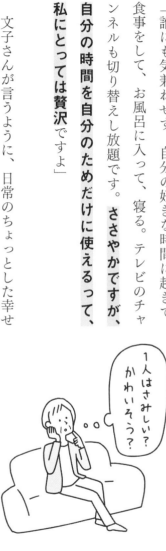

自分のペースで、でも孤立はしない

1人を満喫している文子さんも、**ふと心配になるのは、「孤独死」**です。

でも、自分の身は自分で守らねばと、対策も考えています。

「たまたま、お隣さんが、小学校の同級生なんです。だから、わざわざ会わなくても、毎日のカーテンの開け閉めや電気がついているかどうかで、お互い、安否確認しようと決めています」

1人だけど、1人じゃない状況を作っているということですね。

孤独死は、親族や地域のコミュニティとのつながりがあるにもかかわらず、1人で亡くなってしまうことです。

一方、**孤立死**は、「社会とのつながり」がまったく無い状況で、ひっそりと亡くなることです。

健康でお金がある。だから、社会とつながりを持たなくても、生きていられる人が、急病などで亡くなって発見された、というのは孤立死の典型例です。

今や、**全世帯の3割以上が「単身世帯」のおひとりさまの時代。**

「ソロ活」という言葉があるように、昔より孤独も前向きにとらえられるようになりました。

それでも、頼れる人がいない孤立状態は、自分にとっても、残された人にとっても、好ましい状況ではないはずです。

1人の時間と空間を楽しみつつ、孤立しないのが理想的です。

例えば、ゴミ出しの時に顔を合わせる人に会釈をする。

些細なことですが、手始めにそんなふうに自分の存在をなんとなく知っておいてもらうのも1つの方法でしょう。

チェックしよう

まとめ

- □ これまでの人生で、自分だけのために時間を使ったことを思い出しましょう
- □ 自分が落ち着く場所を思い出してみましょう。なければ、好きな場所でもOKです
- □ 1人でも熱中できることはありますか。考えてみましょう

相続は残された人への〝メッセージ〟

あなたは、「相続」と聞いて、どんなイメージがありますか。

とにかく**「大変」で、「手続きがめんどう」「時間とお金もかかる」**など、散々な印象があるのではないでしょうか。

それは、あながち間違いではありません。私も経験しました。

63歳で亡くなった父の相続では、自宅や田畑などの不動産が、ほかの親族との共有名義で、遺産分割の話し合いが必要だったり、連絡が取れない相続人がいたり。

結局、家庭裁判所に調停を起こすまでに至りました。

それに、FPという仕事柄、相続トラブルの事例はよく見聞きします。

ただ、終活における相続を考える時、どうしても、

相続=自分の財産を継承すること、という意識になりがちです。

ですが、実際には、あなたが亡くなった後、**あなたの大切な人たちが、あなたのために時間を費やすこと**でもあることを忘れてはいけません。

そのため、私は**「立つ鳥跡を濁さず。生前から、ちゃんと対策をしておけば、自分も安心ですし、家族も助かります」**とアドバイスしています。

もう1つ、相続には大きな意味合いがあります。

相続とは、単なるお金やモノの受け渡しではない、ということです。

あなたは、大切な人たちに何を残しますか。どんな言葉とともに残しますか。

具体的に、誰に何を残そう？　と考えた時、その人に対しての気持ちが必ず背景に

ありますよね。なぜ、それを残したいと思ったのか。理由もあるはずです。

引き渡す財産に気持ちと理由がこもっているならば、

「相続は、後に残される人へのメッセージ」

とも言えるのではないでしょうか。

ぜひ、あなたのメッセージをしっかり伝えてください。

自分には相続する資産なんて全然ないから関係ない？

いえいえ、他人事では済まされない可能性があるので要注意ですよ。

近年、**相続税がかかる被相続人数が増加している**ことをご存じでしょうか。

国税庁の「令和4年分 相続税の申告事績の概要」によると、2022年に亡くなった人（相続人）は約157万人。このうち相続税の課税対象になったのは9・6％。

約10人に1人に相続税が発生している計算です。

2010（平成22）年の課税対象になった人の割合は4・2％ですから、10年超で、2倍以上も増えています。

さらに、相続財産の約4割は不動産です。マンションなど、不動産価格の高騰が続く首都圏では、相続税がかかる被相続人はもっと多いでしょう。

そして、被相続人1人当たりの相続税の平均は1855万円です。

しかも**相続税の支払いは、原則として現金で一括納付なんです。**払えます？

まずは、相続対象となりそうな資産を持っていないか、チェックしてみてください。

- **人に残したい預貯金や有価証券がある**
- **土地、建物を持っている**
- **車やバイクを持っている**
- **高価な家電や家具を持っている**

- **美術品、貴金属、骨とう品などがある**
- **生命保険に入っている**

1つでも当てはまった場合は、相続が「争続」になってしまう可能性だってあります。**とにかく、自分に関係ないと思い込まないことが第一です。**

相続は早めの対策をしておくと安心なので、次のページからの対策を練っておきましょう。

チェックしよう

まとめ

□ 自分の持っている資産を正確に把握していますか？

□ 資産を分け与えたい人が明確に決まっていますか？

「トラブルの芽を摘む」のも大切な終活

「人は死んでも、その人の影響は死ぬことはない」

アメリカの公民権運動の父と呼ばれるキング牧師の言葉です。

偉大なキング牧師でなくとも、誰かの言葉や考え方が、ずっと、心に残っていることってありませんか。

私の母も、20年以上前に亡くなった父のことを「よくこう言っていた」とか、「お父さんが生きていたら、こんなふうにしていた」と言います。

逆に、亡くなったことで、よい思い出だけが「ろ過」されたような気もします。

それだけ、身近な人の影響力というのは、死後も少なからず残るものです。

とすると、自分亡き後、**起こるかもしれない相続でのトラブルの芽をあらかじめ摘んでおくのも大切な終活**ではないでしょうか。

遺産相続の平均額は3273万円。
これって多いの？少ないの？

「いやいや、ウチは、そんな財産もないから」

「家族全員仲がいいから、相続でもめる心配なんてないよ」

そう考える人もいますよね。

でも、**相続が「争族」になるのは、莫大な財産があるからではない**のです。

遺産相続の平均額は3273万円という調査（MUFG資産形成研究所「退職前後

世代が経験した資産承継に関する実態調査（2020年）」）もあります。
相続税は、基礎控除額（「3000万円＋600万円×法定相続人の数」）の範囲内であれば、かかりません。おそらく、同調査の平均額では、多くの場合、相続税は非課税でしょう。

しかし、**悲しいかな、人は目の前のお金があれば、いくらでも豹変するもの**です。
子どもが小さくて教育費がかかる。非正規雇用で収入が少ない。住宅ローン返済が大変など。経済的に余裕がなければ、数百万円の遺産でも、もらえるものならほしいと思う人はたくさんいます。

そして、遺産を、誰が、どれだけもらうかを相続人同士が、話し合いしている途中で、意見や方向性が分かれたり、結果的に不公平な分割になったりしたことで、仲よし家族が、あっという間に疑心暗鬼の塊になり、不仲になってしまうのです。

自分がいなくなった後のことは、何が起こるか予想がつきません。

ですから、まず、今始められることとして、**まだ元気なうちに、あなたの気持ちを家族に伝えてみませんか。**迷っている、わからないけどこうしたい、そんな思いでもよいと思います。

話をするうちに、気持ちも変わるかもしれません。家族も戸惑ったりするかもしれません。でも、**相続の話をタブー化することが、ある意味、争続とつながる可能性もあるのです。**

それに相続の対象となる財産について触れることで、相続が発生した時だけでなく、病気や介護・認知症になった場合の費用や自分の希望を伝えることもできます。

相続を「争続」にしないためには遺言書の作成が有効

では、実際に、相続トラブルを経験した人はどれくらいいるのでしょう。

一般社団法人相続解決支援機構の「相続トラブルとその解決に関する調査（2023年）」によると、なんらかのトラブルを経験した人は33％。**約3人に1人**の割合です。

特に、**日本の相続は、財産に不動産を含むケースが多いのがトラブルの原因。**

相続人が複数いると、お金なら、均等に分けることができます。でも、預貯金がほとんどなく、目ぼしい財産は自宅だけでは、ケーキのように分割するわけにもいきません。売却すると、今度は住むところがなくなってしまいます。

共有名義にする方法もありますが、その不動産を売却する時に、全員の同意が必要です。相続で共有者がどんどん増えて複雑になるので、おすすめできません。

相続税がかからなくても、相続人が複数いるのであれば、**「争続」を回避するために、まず遺言書の作成が有効**です。

相続を争続にしないためには、遺言書にもコツがあります。

それは、**「付言《ふげん》事項」の活用**です。

付言事項とは、遺言書において法的効力を与えることを直接の目的としない記載事項のことで、**家族へのメッセージや葬儀・納骨に関する希望など、遺言者自身が自由に書くことができます。**

例えば、長男に遺産を多めに渡す場合や、介護してくれた長男の嫁に遺贈する場合、長年連れ添った妻に財産を残すため、子どもに遺留分を請求しないようお願いする場合など、特定の相続人に肩入れした遺言ももめる原因になりがちです。

そこで、付言事項に、遺産分割への想いを書くことでトラブル防止に役立ちます。

このほか、例えば、現金や有価証券など、**分割しやすい財産**を準備しておく、同居している配偶者や長男などに自宅を相続させたいなら、ほかの相続人には代わりに現金を払うなど**代償分割**を利用するなど、いわば、**遺産分割対策**もあります。

チェックしよう

まとめ

- □ 家族に、自分の資産について共有できていますか？
- □ 家族に、資産の配分について気持ちを伝えられていますか？
- □ 争いの元になりそうな、不動産などを持っていますか？
- □ すでに生前贈与など、対策ができていますか？
- □ 遺言書の付言事項で想いを伝えてみましょう

大切な人にきちんと財産を残したい

あなたは、自分が死んだら、誰が相続人になるか知っていますか。

相続人は、配偶者と被相続人（故人）の血族とされています。

血族とは、親族関係図で言うと、被相続人よりも上の直系尊属（父母や祖父母）、下の直系卑属（子や孫、被嫡出子、養子も含む）、並んでいる兄弟姉妹のことです。

これらの相続人は、**順番（相続順位）や相続分（相続割合）も決まっています。**

例えば、私の場合、夫と娘が1人います。父は亡くなり、母は健在です。

相続人は、第1順位の娘と夫（配偶者）の2人となり、相続分は2分の1ずつ。

仮に、私に子どもがなく、母が存命していたら、相続人は、第2順位の母と夫の2人で、相続分は、夫が3分の2、母が3分の1です。

さらに、母の死後、相続人は、第3順位の兄と妹、夫の3人となり、夫が4分の3、兄と妹が8分の1ずつ、相続することになります。

こんなふうに考えてみると、

「え？　○○には、自分の財産を相続させたくない！」

そう思う人もいるかもしれません。

「借金を重ねて家を出て行った親不孝な息子には財産をやりたくない」といった話はよく聞きます。


一方、**「相続人ではないけれども、お世話になった大切な人に財産を残したい」**

【相続人の範囲図】

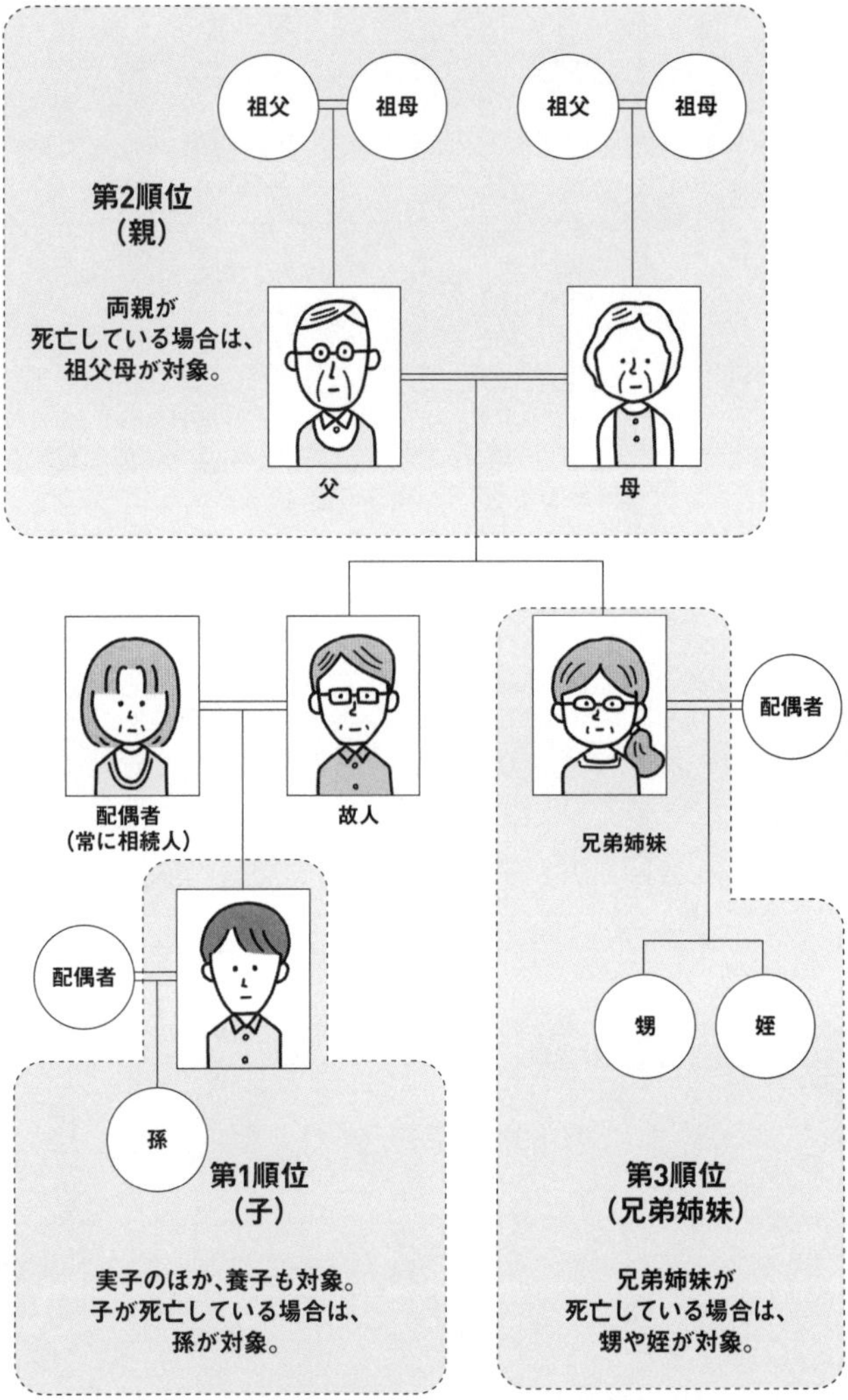
祖父
祖母
祖父
祖母
第2順位
（親）
両親が
死亡している場合は、
祖父母が対象。
父
母
配偶者
（常に相続人）
故人
兄弟姉妹
配偶者
配偶者
甥
姪
孫
第1順位
（子）
実子のほか、養子も対象。
子が死亡している場合は、
孫が対象。
第3順位
（兄弟姉妹）
兄弟姉妹が
死亡している場合は、
甥や姪が対象。

そんな人もいるはずです。

民法では、誰に相続させるかといった相続人や相続割合が定められていますが、必ずしも、その通りに相続しなければならないわけではありません。

例えば、配偶者は常に相続人となりますが、それは戸籍上の婚姻関係にある場合のみ。事実婚（内縁関係）の夫や妻は、相続人にはなれないのです。

そこで、**再び登場するのが遺言書**です。

これを作成しておけば、内縁の夫や妻にも相続財産を残せます（これが遺贈です）。

遺言書は、相続財産について本人の希望を書いたもの。

「誰に」

「どの遺産を」

「どのように」

引き継ぐのかを自由に記すことができ、法的効力が認められています。

遺言書の作成方法は主に2つあります。

1つ目は、遺言を残す人がご自身で作成する**「自筆証書遺言」**です。

2つ目は、公証人に口頭で遺言の内容を伝え、公証人が遺言書を作成する**「公正証書遺言」**です。

法的に有効な遺言書を確実に作成したいのであれば、おすすめは後者ですが、依頼する専門家によって数万円から数十万円の費用がかかります。

お金をかけずに手軽に作りたいのであれば、**市販の遺言書キット**を利用する方法がよいでしょう。遺言書を法務局へ保管する際の申請書付きのものもあります。

「親不孝な子どもに財産を1円も渡さない」という遺言書にすることもできますが（ただし、配偶者や子どもなどの相続人には最低限の持ち分である遺留分あり）、特に、遺言書が威力を発揮するのが、民法上の相続人に遺産を相続する場合です。

大切な人に財産を残したい場合の手段として、ぜひ覚えておいてください。

相続財産が縁もゆかりもない人の手に？

最近、子連れの熟年婚や熟年離婚が増えるなど家族関係が複雑になったことで、**遺言書の作成など相続対策が必要なケースが増えている**と感じます。

50代の中村真由美さん（仮名）は、昨年、離婚歴がある文敏さん（仮名・50代）と結婚しました。文敏さんには、先妻との間に2人の子どもがいます。

昨年、真由美さんの父が亡くなり、母と弟の3人で、財産を相続しました。

これまで相続に関して知識のなかった真由美さんですが、父の相続を経験して、自分が、もし夫よりも先に亡くなった場合、実家の財産が、文敏さんに相続され、その後、先妻との子どもにも行く可能性があることに気づいて、愕然《がくぜん》としたと言います。
親から先祖代々引き継いできたり、自分が苦労して築き上げてきたりした大切な財産です。残すべき人、残したい人にあげたいですよね。

チェックしよう

まとめ

- □ あなたの大切な人は、相続人になっていますか?
- □ あなたの遺産を相続できる人は誰か、実際に書き出してみましょう
- □ あなたの遺産、誰に渡しますか?
- □ あなたの遺産、渡す人には何を渡したいですか?
- □ あなたの遺産、どのように渡したいですか?

第5章

人から認められたい

いくつになっても、ずーっと人からほめられたい

あなたは、どんな時にうれしい気持ちになりますか。

ぱっとイメージできない人は、あなたの周りにいる素敵な人や尊敬する人をほめる時に、どんな言葉を使うか考えてみてください。

「あの人は賢い」「彼の頑張りはすごい」「彼女はとても親切だ」……いろいろなほめ言葉があると思いますが、これらは全部、自分が言われてもうれしい気持ちになるのではないでしょうか。

なぜうれしくなるのでしょう。背景にある気持ちを深掘りすると、結局こういう思いに行き着く気がします。

「人から認められたい」

どうでしょう。これは年齢にかかわらず、大きな欲求の1つです。

私の話をします。

私は、日頃から、できるだけ部屋を片付けて、出かけるようにしています。自分や家族が帰宅した時、散らかっていると、なんだか、げんなりするから。というのもありますが、さらに別の理由があります。

それは、外出先で、自分に万が一のことがあった時、第三者が、自宅に入ってくる可能性を想定しているからです。

もし、そうなった時、片付いていない部屋を見られて、誰かに、だらしない人間だと思われるのが、なんだか恥ずかしくって。

知らない人に、どう思われようが関係ないのですが、心のどこかで、**「ちゃんとした人」「きちんとした人」だと思われたい気持ちがある**のでしょう。

あなたも、そんな気持ちになることってありませんか。

特に、高齢になって、人の手を借りる場面が増えてくると、「いつまでも、ちゃんとした人でいたい」「子どもや家族には迷惑をかけたくない」とおっしゃる人がたくさんいます。

そんな気持ちの1つの表れが、終活だと思います。

自分が亡くなった時のお葬式や法要の場を思い浮かべながら、

「死んだ後のことまで、いろいろと考えて、さすが○○さんだね」

「生前から、立派な人だったけど、やっぱり、最後までしっかりしていた」

そんなふうに**亡くなった後でも、人から認められたい。**

そのために、人には迷惑をかけたくない。


その気持ちや思いが、終活のスタートラインでもよいではありませんか。

この章では、亡くなった後でも「さすが！」と言われるように……

人になるべく迷惑をかけずに逝くために……

あなたが今からできることをお伝えしたいと思います。

「エンディングノート」に書くのは「事実」だけ

エンディングノートの作成は、よく終活の第一歩として挙げられます。

なぜ、エンディングノートを書くのか。もうおわかりですね。

自分の情報を整理して、残される人たちが困らないように、自分の大切な人たちに迷惑をかけないように、という気持ちが大きいのではないでしょうか。

「後のことは知らん。好きにやってくれ」と言う人は、エンディングノートなんて手に取らないですよね。

元気なうちに、やれることはやっておこう。きちんとしておきたい。ということでしょう。

自分のことと同様に、他の人のことも気にかけられる。日本人の素晴らしい感覚ですね。

でも、残念ながら、そのモチベーションは長く続かず、本当に、最初の一歩でつまずいてしまうことがとても多い印象です。

「興味はあるけど、大変そうで手が出せない」
「手に取ってみたものの、穴埋め問題みたいでつまらなそう」
「用意したものの、書けなくて、途中でやめてしまった」

理由は人それぞれでしょう。

でも、最大の理由は、**内容が多岐にわたっていて、多すぎる。**これではないでしょうか。

一般的なエンディングノートは、主に次の4つの構成で成り立っています。

❶ **プロフィール（自分史）**……本人、家族・親戚、友人・知人の基本情報など

❷ **「お金」に関すること（財産目録）**……貯蓄、保険、不動産、年金、ローン、貸金

❸ **「体」に関すること**……医療（余命告知・延命措置）、介護の希望など

❹ **「エンディング」に関すること**……葬儀の形式、墓、遺影、遺言書の有無、形見、遺品、訃報の連絡者リストなど

ざっと列挙しただけでも、ものすごく大変そうです。

また、**多くのエンディングノートは、「事実」を書くところと「思い」を書くところが混在**しています。

例えば、❶に、今後の夢や希望、家族との思い出を書かせる欄、❹に家族へのメッセージや感謝の気持ちを書かせる欄があったりします。

もちろん、「思い」なら、スラスラ書けるという人もいるでしょう。でも、なんだか、ちょっと、どう書けばいいか悩みませんか。

それに、自分が亡くなった後、なくて家族が困るのは「事実」のほうです。

ですから、私は、**エンディングノートには、客観的な「事実」だけを書くようにしましょう**、とアドバイスしています。

それなら、淡々と、必要事項を書いていけばよいだけです。

そうは言っても、やる気がしない。という人のために、私から提案があります。

単に事実を書き出すのでは、これまでの終活と同じでつまらないかもしれませんね。ならば、エンディングノートの記入を、ゲーム感覚で進めてみましょう！

例えば、何も見ないで、次に紹介する3つがすらすら書けますか。**脳トレだと思ってやってみてください。**

エンディングノートに書くべき3つの事実

最低限残しておいたほうがよい事実は、**「基本情報」「財産に関する情報」「供養・相続に関する情報」**の3つに分けられます。

1つ目の「基本情報」は、159ページで紹介しました、緊急時に必要な情報です。

- **自分の氏名**
- **生年月日**
- **住所**
- **既往症**
- **かかりつけ医**

これが書けないのは、ちょっと心配かもしれません。ぜひ、そらで言えるようにしておきましょう。

2つ目の「財産に関する情報」は、前述の❷「お金」に関することですね。
ただ、細かく書く必要はありません。残高などは変わるので、

- **金融機関名と支店名**
- **口座番号**
- **証券番号**

など、**「どこと取引して、書類はどこにあるのか」を残しておけば大丈夫**です。
できれば、これを機に、使っていない銀行口座やクレジットカードなどは解約し、**お金周りの整理**をすれば、後がラク。本人なので、あっという間に済みます。

3つ目の「供養・相続に関する情報」は、よく、「こんな葬儀にしてほしい」など希望や要望を書く欄がありますよね。

事前に、家族と相談しながら、葬儀の内容を決めていくなら問題ありませんが、実

現不可能な葬儀プランが書かれてあっても、後で家族が頭を抱えるだけです。
ここに書くのは、以下の事実です。

- **加入している互助会やプラン**
- **契約している葬儀社があるならその情報**
- **墓地の年間管理費などの情報**
- **遺言書の有無**

いかがでしょうか。事実を整理して書き込むので、悩むことがありません。どこに口座があったか、パスワードはなんだったか……改めて考えてみると、ちょっとした認知症予防にもなりそうです。

こんな感じであれば、わざわざ、エンディングノートでなくても、市販のノートでも十分ですよね。

チェックしよう

まとめ

- □ ノートをなんでもよいので準備しましょう
- □ ノートに、あなたの「基本情報」を書いてみましょう
- □ ノートに「財産に関する情報」を書いてみましょう
- □ ノートに「供養・相続に関する情報」を書いてみましょう

「お泊りセット」には、お気に入りのものを選ぶ

私が出産したのは35歳の時。

実家に帰省して、地元の総合病院で、帝王切開による出産の予定でした。


ところが、入院予定日の3日前の明け方、急に陣痛がはじまったのです。

これまで経験したことのない痛みにびっくりしましたが、ちょっと間隔が空くと、まったく痛くなくなります。あれ？　痛くなくなったって感じ。

この隙にと、母を呼んで、病院に電話してもらい、緊急入院することに。

「急いで行かなきゃ。あ、でも、まだ、『お泊りセット』を準備してない！」

入院直前まで原稿を書いていて、これが仕上がったら準備をしようと、持参するバッグの周りには、必要そうなものを積み重ねてあるだけでした。

そうこうしているうちに、また痛みが来るわ、気も動転するわで、適当に、そのあたりにあるものをバッグに詰めて、病院に向かったのです。

無事、出産も終わり、バッグを開けてみると、入っているのは、なぜか、大判のバスタオルばかり。あれもない、これもないと、がっくりしました。

結局、入院中は、母に何度も必要なものを持ってきてくれるよう、お願いしなくてはならず、要らぬ世話をかけました。親子とはいえ、勝手がわからない娘の荷物をいろいろ探すのは手間ですし、何よりも気を遣います。

突然の入院でしたが、早めに準備しておけばよかったと、つくづく後悔しました。

もし、**ほんのちょっとの「もしもの対策」**がしてあれば、自分が困らなかったのはもちろんですが、**大切な人に負担をかける量も減った**のかなあとも思うのです。

このほんのちょっとの準備で、迷惑をかけたのに、「さすがね！」なんてほめてもらうこともあるかもしれません。

もちろん、それをモチベーションにやるわけではないですが、嫌な出来事（ケガや入院など）をよいこと（人からほめてもらえる）に変換できるかもしれない種まきは、いっぱいしておくほうがよいと思いませんか。

急な入院に備えて「お泊りセット」を作っておく

こんなふうに、急に入院することって、意外にあります。

例えば、体調が悪くて病院に行ったら、検査入院になったとか。外出先で転倒して、救急車で運ばれたとか。ちなみに、私はこれまで3回、救急車に乗ったことがあります。**誰にでも、「もしも」の時は急にやってくるのです。**

佐々木洋子さん（仮名・50代）の、一人暮らしのお母さま（80代）は、大腸にポリープができやすい体質らしく、検査に行けば、高確率で入院することになるそうです。

「母には、2泊3日程度の着替えや洗面用具、自分の肌に合ったスキンケア用品、少額の現金など、入院時に必要なものをバッグにまとめた『お泊りセット』を、わかりやすい場所に置いておくよう、日頃から伝えています」

もちろん、**必要なものは、病院内で買うこともできますが、入院中もお気に入りの使い慣れたものがあれば快適**ですよね。

それと、一人暮らしの場合は、**自宅のスペアキーを用意しておきましょう。**

お泊りセットのバッグの中に、家族や親戚、友人など、ちょっとしたことを頼める人の連絡先を入れておくのもおすすめです。

せっかく作ったお泊りセットは、入院だけのために使うのはもったいない。**数日の旅行の時にも使えますし、災害など緊急時にも役立ちますね。**「どこかにちょっとお出かけする」くらいの意識で準備をすれば気楽ですし、本当に旅行に行きたくなったら、そちらの計画も立てながら楽しめばいいと思います。

チェックしよう

まとめ

□ 数日間、家を空ける時の必需品、お気に入りのものを一か所にまとめておきましょう

自分の最後は自分で決めていい

もし、病気やケガなど万が一の時、あなたの判断能力が低下していて、自分がどうしてほしいか、希望や要望を伝えられなかったら――。

家族と言えども、安易に、判断できるものではありません。

それに、突然、普段まったく関わってこなかった家族や親戚が現れて、医療・ケアの方針に異論を呈する「遠くの近親者問題」が起きる可能性もあります。

こういうケースで困るのは、あなただけではありません。当然ながら、あなたの周りの人たちも巻き込んで、みんなが困ってしまうのです。

そんなお困りごとが起きないように備える手段が、エンディングノートでしたね。

223ページでは、「エンディングノートに書くのは『事実』だけでいい」、とお伝えしました。

しかし、エンディングノートに限らず、**なんらかの方法で、必ず伝えておいてほしい「希望」があります。**

頼れる人に、絶対に伝えてほしい4つの希望

それは、次の4つです。

1「余命告知をしてほしいか」
2「延命治療をしたいか」

③「どこで最期を迎えたいか」
④「臓器提供をしたいか」※

まさに、自分がどのように人生の最期を迎えたいか、という大切な意思表示です。

ですから、それぞれに対する**希望や要望と、その理由をセットにする**ことをおすすめします。例えばこんなふうに。


「**最期までポジティブな気持ちで生きたいから、**余命は伝えないでほしい」

「**最期にお世話になった人に感謝を伝えたいから、**余命を知りたい」

「**機械につながれて命だけを延ばされるのは嫌。**延命措置はしたくない」


太字で書いたところが理由にあたります。

理由があれば、家族が判断を迫られた時の大きな助けになるはずです。

こうした指標がなにもないと、家族は正解の出ない悩みを抱えることになります。例えば、あなたの意思が確認できない状態で、「延命措置はしない」と決断した場合、あなたが亡くなった後に**「本当にあの選択は正しかったのだろうか」**とくり返し思うでしょう。

延命措置をした場合も同じです。その結果、ただ機械につながれて息をしているだけの状態が何年も続いたりしたら、同じように悩むはずです。

これは、家族にとんでもない苦を味わわせることになりますよね。**あなたも、そんな状況は望みませんよね。**

でも、あなたが「延命治療はしたくない」「臓器提供をしたい」などと考えていても、実行されないケースもあります。

エンディングノートに書いてあったのに、家族がその存在に気づいたのが、看取りや葬儀などの一切が終わった遺品整理の時だったりするからです。

それに、**時間の経過や心身の状況によって、人の気持ちは変わります。**

当初、「抗がん剤治療や延命治療などは一切したくない」と言っていた末期のがん患者さんが、孫娘の結婚が決まったと聞いて、「孫の花嫁姿を見たいから、あと半年間、延命してほしい」と言い出したこともあります。

そこで重要なのが、もしもの将来に備え、**自分がどのような医療やケア、療養生活を望んでいるか前もって考え、家族や医療・ケアチームとくり返し話し合って共有する「人生会議」**（正式にはACP「アドバンス・ケア・プランニング」）をしておくことです。

命の危険が迫った時、医療の希望が伝えられる人はわずか3割

国も人生会議の普及を推進しているのですが、それには理由があります。人は、**命の危機に陥った時、およそ7割の人が医療やケアについて、自分で決めたり、望みを伝えたりすることが難しい**という調査結果もあるからです。

米国では、高齢患者の終末期ケアで人生会議を実践したほうが、患者と家族の満足度が高く、亡くなったとしても、遺族のうつ病や不安が少なかったという報告もあります。

「人生会議」の目的は、かけがえのない人生を豊かにすることです。

エンディングノートに自分の終末期の要望を書くのは、いわば「セルフ人生会議」のようなもの。でも、前述したように、医療やケアへの要望が変わることも少なくあ

りません。

そして、人生会議では、無理に、結論を出さなくてもよいのです。

例えば、

「家族や友人のそばにいたい」
「少しでも長く生きたい」
「家族の負担になりたくない」
「できるだけ痛みや苦しみは感じたくない」

など、

あなたの人生において「大切にしたいこと」や「してほしくないこと」を、家族や周囲の人、医療者などに伝え、共有しておくプロセスが重要なのです。

なお、人生会議には決まった議題がありません。でも、やってみると、「よい人生の終わり」へのイメージが深まるはずです。

「さあ、人生会議を開きましょう」とかしこまって話そうとしなくても大丈夫。普段の会話の中で、例えば、テレビドラマを見ながら、「私も主人公みたいに、家族に囲まれて最期を迎えられたらいいのに」など、自然に自分の気持ちや要望を伝えてみてください。

チェックしよう
まとめ

- □今現在、あなたは余命告知をしてほしいですか？　考えてみましょう
- □今現在、あなたは延命治療をしてほしいですか？　考えてみましょう
- □今現在、あなたはどこで最期を迎えたいですか？　考えてみましょう
- □今現在、あなたは脳死状態あるいは心臓死での臓器提供をしたいですか？　考えてみましょう
- □今現在、あなたが提供を希望する臓器はありますか？（心臓・肺・肝臓・腎臓・膵臓・小腸・眼球）　考えてみましょう

※臓器提供については、2010年に臓器移植法が改正。書面の意思表示がなくても、家族の承諾で提供できるようになった。また、法律上、本人の意思表明があっても、家族の同意が得られないと提供できない。

人生最後のライフイベント、いくらかかる？

「葬式不要、戒名不要。我が骨は必ず海に散らせ」

２０２２年２月に89歳で亡くなった石原慎太郎さんの遺言書には、そう記してあったと言います。

自分の死後、葬式という形式的な儀式もいらないし、戒名も必要ないという石原慎太郎さんの言葉には、葬式や自分の死後に対する、強い意思や死生観を感じます。

まさに、**葬式は、人生最後のライフイベント**です。しかし「自分の葬式はこんなふうにしてほしい」など、明確な考えをお持ちの人は少数派でしょう。

でも、せっかくなのでこの機会に「自分のお葬式」をどんなふうにするか想像してみませんか？　遺言書やエンディングノートとは別に、**自由に想像してみるだけでも、意外に楽しい**のではないでしょうか。

そして、残される側の視点から考えると、この大きなイベントを託されて亡くなられるよりも、きっちり準備してから亡くなったほうが、「最後の後始末までしっかりやってくれてありがとう！」という気持ちになると思います。

自分も楽しめて、なおかつ人にも負担をかけないばかりか、お礼まで言われちゃうなんて、最高じゃないですか？

ケイト・ハドソン主演の映画『私だけのハッピー・エンディング』は、がんで余命半年と宣告された主人公が、自分の最期が近づいていることを悟り、母親に「自分の葬儀は祭りのように楽しいものにしてほしい」と準備をお願いします。映画のラストシーンは、大好きな人たちが参列し、祭りのように楽しそうな雰囲気の葬式の様子を神様と共に眺める主人公の姿で終わり。こんなイメージでしょうか。

葬式の形式はさまざまです。親族や友人、ご近所、職場関係など、多くの人が参列する**「一般葬」**は、昔からあるスタイルです。

近年は、家族など近親者のみで行う**「家族葬」**、告別式と火葬を1日で行う**「1日葬」**、通夜や告別式を行わず、火葬だけで終える**「直葬（火葬式）」**など、少人数・小規模な葬式が増えています。とりわけ、コロナ禍以降は、大人数での集まりを自粛する風潮と相まって、家族葬の増加に拍車がかかっているようです。

「第5回お葬式に関する全国調査（2022年・鎌倉新書）」によると、行った葬儀は、「家族葬」が55・7％で最多。次いで「一般葬」25・9％、「直葬・火葬式」11・4％となっており、家族葬が多数を占めています。

ただし、同調査では、コロナ禍でなかったら「一般葬」を希望した人が44・0％います。「この状況では仕方がない」と、やむを得ず家族葬を選んだ人も多いのでしょう。

葬儀には一体いくらかかるのか？

前掲の調査によると、**葬儀費用の総額は110・7万円。**内訳は次の3つです。

1. **基本料金**……斎場利用料、火葬場利用料、祭壇、棺、遺影、搬送費など（67・8万円）
2. **飲食費**……通夜ぶるまい、告別料理など（20・1万円）
3. **返礼品**……香典に対するお礼の品物など（22・8万円）

やはり100万円以上かあ、と思いますが、コロナ禍の影響で過去最低の金額。前回の第4回（2020年）の184・3万円と比べると、70万円以上も減っています。

一般的に、葬儀にかかる**費用は規模が大きいほど高額**になります。ですから、**費用を節約したいのであれば、「小さなお葬式」にする**ことです。

しかし、小規模にして参列者が少なければ、収入＝香典の額も減ってしまいます。ちなみに、前掲の調査で、香典の平均費用は47・2万円。2020年の71・1万円と比較すると、23・9万円のマイナスですから、なんとも悩ましいところですね。

なお、このほかの費用として、お布施があります。こちらの平均費用は22・4万円。2020年の23・7万円と変わりなく、コロナ禍の影響はなかったようです。

家族葬にしたとしても、通夜、葬儀、火葬、四十九日法要など、やらねばならないことは一般葬と同じです。費用は、宗教・宗派、お住まいの地域、形式等で変わりますが、**100〜200万円は見込んでおいたほうがよさそう**です。

あなたがいない生活に家族が向き合う機会

最近は、終活の一環として、**「葬儀の生前契約」**を結ぶ人が増えてきました。

葬儀社と葬儀の生前契約をしておけば、宗教・宗派、参列者の人数、会場や葬儀の規模・形式など、自分が希望する内容の葬式をすることができるのが最大のメリット。**家族としても、亡くなった後の葬儀社選びの段取りや手間も格段に省けますし、事前に費用もわかる**ので、葬儀費用を自分で準備しておくことができます。

ちなみに、故人の銀行口座は亡くなったことを銀行が確認すると凍結されるため、**葬儀費用の支払いには使えない**のでご注意を。口座凍結の解除にはさまざまな書類が必要になり、数週間から数か月かかった、というケースも珍しくありません。

コロナ禍によって、葬式のスタイルや考え方は大きく変わりました。簡素化・小規模化するのは、時代の流れかもしれませんが、**人は、葬式という一連の流れの中で、故人の死と向き合い、少しずつその人がいない生活の準備をしているのです。**

きちんと悲しむことで悲しみを癒やすことを、グリーフワーク（悲しむ作業）と言いますが、私は、それも葬式が果たす大切な役割の1つではないかと思います。

チェックしよう
まとめ

- □ **人生最後の一大イベント「自分のお葬式」を想像してみましょう**

「墓じまい」を知っていますか？

人は亡くなると、だいたい「お墓」に入ります。

「そりゃそうだ、私もご先祖様代々からのお墓に入るのよ」

そう思っている人、ちょっと待ってください。私が「だいたい」と言ったのには、意味があります。あなたはこの質問に答えられますか。

あなたが入る予定のお墓は、誰かがこの先も守ってくれますか？

もし、あなたの後にお墓を管理する人がいなければ、方法を再検討しなくちゃということになるでしょう。

お墓は誰かが継いでくれる、という人も、新たな方法や選択肢が見つかるかもしれませんので、この先もぜひ読み進めてください。

いずれにせよ、自分がいなくなった後のことも決めておいてあげるのは、家族にとって、とてもありがたいことになります。

「お墓をしまう」という選択肢もある

東京都内在住の吉田修太朗さん（仮名・70代）は、昨年、四国にある実家のお墓を「墓じまい」しました。

「墓じまい」とは、墓石を解体・撤去し、お墓のあった場所を更地にして永代使用権（お墓を使用する権利）を墓地の管理者に返還することです。墓じまいをした後は、元のお墓から出した遺骨を、別の場所もしくは別の形で供養する必要があります。

吉田さんも、遺骨は、車で30分ほどのところにある樹木葬の霊園に移しました。

「墓じまいの理由は、これまで墓の管理をしてくれていた親戚が亡くなったためです。先祖代々の墓でしたが、山の中にあって、自分も年々、墓参りに行くのが大変になってきました。私たち夫婦には、子どもがいませんので、墓を引き継いでくれる人もおりません。まだ元気なうちに、墓じまいしておこうと思ったんです」

以前は、**あくまでお墓は継承していくものとされていましたが、今は自分たちの生活を基準にしたお墓のあり方を考える時代**になってきています。

この後お話ししますが、選択肢もいろいろです。

ちなみに、吉田さんが、墓じまいにかかった費用は約100万円。

これが高いのか安いのか。でも、結構な金額ですよね。

墓じまいをする場合、墓石の撤去や墓じまいにあたってのお布施代、檀家契約を結んでいる寺へのお礼などがありますが、これらの費用に大きな差はありません。**費用の差がもっとも大きいのは、手元の遺骨をどうするかです。**納骨堂や合葬・合祀墓などで永代供養してもらう場合は5～30万円と比較的割安ですし、散骨や自宅の仏壇に納める手元供養であれば費用は、ほぼかかりません。

吉田さんのように、樹木の根もとに埋葬する樹木葬は、最近とても人気があります。株式会社鎌倉新書が実施した「第14回 お墓の消費者全国実態調査（2023年）」によると、購入したお墓の種類は「樹木葬」が51・8％。調査史上初の過半数突破です。次いで「納骨堂」20・2％、「一般墓」19・1％の順になっています。

傾向として、**最近は「継承者不要」タイプに注目が集まっている**ようです。同調査によると、平均費用はそれぞれ、一般墓152・4万円、樹木葬66・9万円、納骨堂77・6万円。やはり、一般墓が最も高く、樹木葬や納骨堂の倍以上です。

「墓じまい」の費用は10万円〜30万円未満が約3割

日本トレンドリサーチの「墓じまいに関するアンケート（2022年）」で、「墓じまい」を「したことがある」人に、どのくらい費用がかかったかについて聞いたところ、**「10万円以上〜30万円未満」という人が33・9%で最も多い**結果になりました。

広さや墓石の量などによってもかかる費用は違うため、中には200万円以上かかったという人もいます。

ただ、自治体によっては、一般墓地返還促進事業として、墓じまいに補助金を出しているケースもあります。お住まいの自治体に補助金制度がないか調べておきましょう。

なお、「墓じまい」と混同しがちなのが「改葬」です。

どちらも、現在のお墓から遺骨を取り出し、墓石を撤去して更地に戻し、管理者に返すという手順までは同じ。違うのは、改葬は、別の新しいお墓に移す（納骨する）という点です。

つまり、**墓じまいは、「遺骨の引っ越し」。改葬は、「お墓の引っ越し」**です。

墓じまいにしろ、改葬にしろ、近年、代々続いたお墓の解体を検討する人は、増えています。少子化と人口減少が切実な問題となっている地方では、集落丸ごとが「墓じまい」をしたところもあります。

京都府南丹市園部町の口司地区は、約70軒の檀家がそれぞれ墓じまいをし、地区内にある寺に全檀家の合祀塔が建てられました。

塔の近くに各家の墓石が保管され、納骨と永代供養の総費用は、1体16万円です。

「墓じまい」をすることで、「ご先祖に申し訳ない」「ルーツや家の歴史が薄れた気がする」と感じる人も少なくないでしょうから、集団「墓じまい」は、墓の維持管理などが難しくなった場合の新たな取り組みとして、増えてくるかもしれませんね。

お墓も手軽なサブスクでOK？「サブスク墓」とは？

時代とともに、葬儀やお墓の在り方も変わりつつあるのだなあ、と感慨にふけっていたら、ネット上のこんな広告が飛び込んできました。

「毎月3980円でお墓をご利用いただけます！」

そう。最近話題のサブスクリプション方式（一定期間の利用権として定期的に料金を支払う方式）で利用できる**「サブスク墓」**です。

基本的な形式は、最初に骨壺サイズの小さなお墓を購入し、納骨堂のような（マンションのような？）扉付きの棚に遺骨を納めます。

初期費用は無料～30万円程度。契約時に定めた期間だけお墓を借りられ、期間更新や契約解除も可能です。

例えば、改葬して新しいお墓が完成するまでの間や公営霊園の抽選待ち、近い将来、合葬・合祀を検討している人など、さまざまな状況に柔軟に対応できます。

はてさて、10年後には、いったい、どんなお墓が登場しているのでしょうね。

チェックしよう
まとめ

- □ 自分が死んだ後、お墓の管理をしてくれる人の当てがあるか考えましょう
- □ 「今のお墓をそのまま維持しない」場合を想像してみましょう
- □ 一般墓でない場合、あなたはどんな埋葬方法を希望しますか？

第6章

心配事をなくしたい

「安心・安全」な未来のキソを築く

ここまで、人の大きな欲求に沿いながら、どう終活に取り組むか、おすすめの方法や気をつけるべき点についてお話ししてきました。

もしも、前から順番に読んでくださったら、どんな欲求を叶えてきたでしょうか。**「『生きててよかった』を味わいたい」「やりたいことを全部やりきりたい」「『絆』を感じたい」「人から認めてもらいたい」**

これ、全部叶っていたら、結構幸せになっていると思いませんか。

つまり、一歩一歩、終活の階段を上ってきたあなたは、そのぶん、幸せレベルも上げてきたことになります。

そこで、いよいよ最後に叶える欲求は**「心配事をなくしたい」**です。

年齢を重ねると、どうも、悩み事や心配事が増えてきた気がする。

そんなふうに感じたことはありませんか。

終活においては、もろもろの手続き、準備が該当しますが、これを最後にもってきたのには理由があります。

やったほうがいいのはわかるけれども、普通は結構心理的なハードルが高いことだからです。終活において「やったほうがいいけど大変なこと」は大事なものがたくさんあります。


そうは言っても、臆することはありません。あなたの終活レベルは「1年目」とはいえ、かなり上がっているはずですから。

ここまで読んできた自分の力を信じて、終活の王道、「心配事をなくす」に取り組んでみてください。

この章の目的は、**あなたや、あなたの大事な人たちの幸福度を下げる要素をなくしていくこと**です。

では、みなさん、どんな心配事を抱えているのでしょう？

60歳以上の男女4000人を対象にした内閣府の調査によると、将来の日常生活全般についての不安は、上位のものから順に、次の通りです。（複数回答）

- **「自分や配偶者の健康や病気のこと」**（70・3%）
- **「自分や配偶者が寝たきりや身体が不自由になり介護が必要な状態になること」**（60・3%）
- **「生活のための収入のこと」**（31・9%）

キーワードは、「健康」「病気」「介護」「お金」「家族」でしょうか。

健康状態、お金、孤独……一番不安なことは？

この調査結果が興味深いのは、年齢や性別、未婚（離別や死別も含む）・既婚、子どもの有無、住居形態、健康状態、都市規模でも違いが出る点です。

例えば、結婚したことがない・子どもがいない人は「頼れる人がいなくなり1人きりの暮らしになること」が高くなります。それは、そうでしょう。

また、配偶者あるいはパートナーと離別している人は、「生活のための収入のこと」が最も高く、ほかに、賃貸に住んでいる人、健康状態がよくない人、町村にお住まいの人なども、収入面への不安が強くなっています。

さて、あなたが、一番、不安に感じていることはなんでしょう。

「楽天的」よりも「楽観的」に人生を愉しむ

現在、50代半ばの私ですが、実は心配事はありません。
「え？　それって、終活したから？」って、驚かれますか。
まあ、終活したおかげとも言えますが、**何事も「楽観的」に考えるよう心がけている**からでもあります。

楽観的とは、「物事の先行きをよいほうに考え、気楽にかまえること」。

人生あれこれ気に病んでも、なるようにしかなりません。悩むだけ損です。

よく似た言葉に、「楽天的」があります。

こちらは、「物事にくよくよせず、常に明るいほうへ考えるさま」です。

その違いは、「楽観的」が「これから起こること（将来）」、「楽天的」が「すでに起こったこと（過去）」への在り方であることです。

私のおすすめは、前者です。

だって、どれだけ健康に気をつけていても病気をしたり、認知症になったり。とにかく、トラブルが起きる可能性は、ゼロにできません。

そんな不測の事態に対しては、**できる範囲で「備え」をしたうえで**、あとは、楽観的に考えてのんびり人生を愉しむのが一番です。

楽観的であることのすすめをしましたが、単にノーテンキに過ごしても、その境地にはたどり着けません。1つコツをお伝えします。**楽観的な気持ちは、「できる範囲で備えをする」ことで手に入る確率が上がります**（結局は、終活は大事ってことです）。

ですから、この章では、**あなたが楽観的に過ごせるよう、今ある不安を解消するヒントを示してきたい**と思います。

基本的には、**準備、準備、準備、そして準備**……という感じではありますが、わかりやすく要点だけ、かいつまんであります。

将来のリスクがわかっているのに、何も対策を講じないで、後で後悔するのって、なんか悔しいですよね。

ということで、「楽観的」な気持ちを手に入れて心配事をなくすべく、よくある心配事と対処法を見ていきましょう。

「この先10年をこう考える！」シニアのお金事情

ＦＰへのシニア層のご相談と言えば、老後資金に関するものが圧倒的です。

60代後半から70代になると、多くの人が年金生活に入ります。まだ働いていて収入があっても、現役時代に比べると確実に少ない。

定年退職時に受け取った退職金は、まだ残っているけれども、使い道が決まっていたり、いつまで長生きするかを考えたりすると、怖くて取り崩せない。

ＮＩＳＡって最近よく聞くけど、投資は、興味があっても、「損をするかも」と思うと、手を出せない。

そんな、**「ないない」スパイラルに陥って、「こんな感じなんです。私の老後は、大丈夫でしょうか？」とご相談にいらっしゃる**のです。

メインの収入源が、企業年金も含めた公的年金だけというのは、これ以上、手持ちのお金が増える見込みがないということです。

つまり退職後は、ある程度まとまった資産を持っているはずなのに、**気持ち的に「プチ貧乏」に陥り、過剰に家計を締めつけてしまう人がいます。**

そうならず、お金にストレスフリーな人生後半を送るために、どう考えるのが正解なのでしょう。

私がおすすめするのは、年金生活者世帯の資産を、次の3つに分けてこの先10年を考える**「老後資金三分法」**です。

その中身はこんな感じ。

● **「残す」お金**
● **「備える」お金**
● **「使う」お金**

老後資金三分法は、自分の手持ちのお金を3枚の封筒に分けると考えるとイメージしやすいかもしれません。

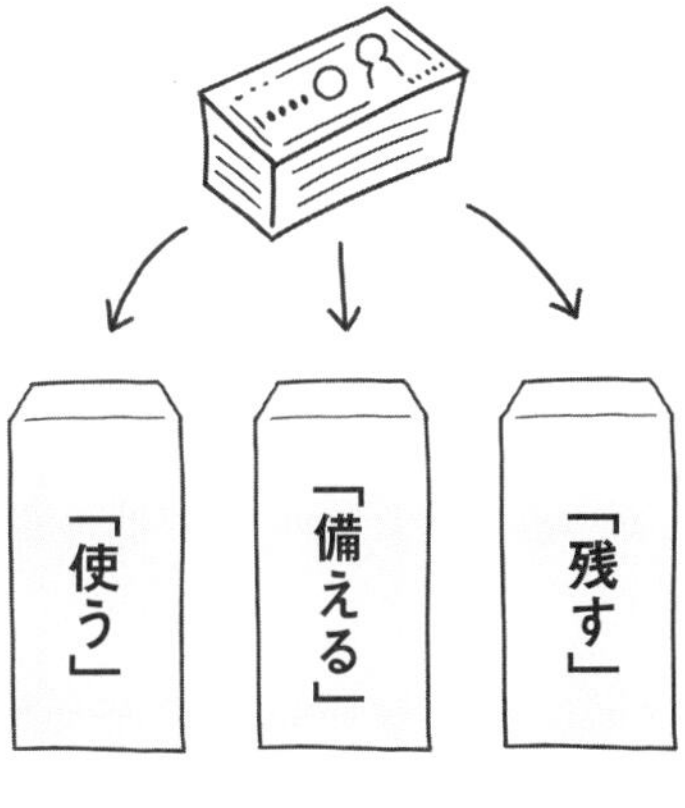

そして、この**「老後資金三分法」で最も肝心なのは、分ける順番**です。

「老後資金三分法」は分ける順番が肝心

最初に、**手持ちの資産から差し引くのは「残す」お金**です。

言い換えると、**自分が死んでしまった後に残しておきたいお金**です。

これさえ確保しておけば、あとは全部使ってしまってもいいのです。

おひとりさまなど、誰にも残す必要がなければ、最低限の葬式費用や整理費用だけ確保しておけばいいわけですしね。あるいは、ほかの2つのお金が予想以上にかさんだ時の「保険」として残しておくのもアリです。

次に、差し引くのは「備える」お金です。

リタイア後の生活では、これをしっかり確保することが心配事の解消につながります。

最後に、**残った分がこれから「使う」お金**（今から使えるお金）となります。

例えば、手持ちの老後資金が２０００万円の場合、「残す」お金５００万円、「備える」お金に５００万円と分けていくと、「使う」お金は１０００万円。

単純に１０００万円を月５万円ずつ取り崩すと、約16・６年。

そうなんです。こう分けてみると、これから使えるお金は多くない。

ちなみに、平均余命は70歳男性が約15年。女性は約19年です。男性はギリギリ持つくらい。女性はピンチ！

でも、これはあくまでも試算に過ぎません。あなたが、３つのお金をどう分けるかは自由です。ぜひ、いろいろと考えてみてくださいね。

「残す」「備える」「使う」お金、どう分ける？

では、三分法のお金の分け方の詳細を1つずつ見ていきましょう。

「残す」お金

「残す」お金は、

- **あなたが亡くなった後の家族（配偶者、子どもなど）の生活費**
- **ご自身の葬儀費用、死後の手続き費用**
- **使い切らずに、最後まで余裕を持って豊かに生きるためのお金**

などが該当します。ほかのお金と同じく、預貯金でも構いません。

あるいは、亡くなった時に、家族が保険金を受け取れる終身保険などであれば、確実に、残したい人にお金を受け取ってもらえます。

私のお客さま(70代・女性)で、ご自分の葬儀費用を「金地金」で準備している人がいらっしゃいました。

ここ最近の金の価格は、ほぼ右肩上がりですから、亡くなる時には、さぞ、立派なお葬式があげられることでしょう。

「備える」お金

「備える」お金は、「もしもの時」のためのお金です。

- **病気やケガの入院費用**
- **要介護状態や認知症になった時の費用**
- **地震や台風などの災害、自宅のリフォーム費用**

などが該当します。

このお金は、銀行の預金や郵便局の貯金で確保しておきましょう。

ここでの注意点は、不測の事態に「備える」お金ですから、**いつでも引き出せるよう「流動性」の高い普通預金・通常貯金に入れておく**こと。

定期預金等にする場合は、満期の短いものに変更しておいてください。

また、医療保険やがん保険、介護保険、認知症保険、火災保険（地震保険）など、保険商品を活用するのもよいでしょう。

「使う」お金

「使う」お金と言っても、全額がすぐに必要になるものではありません。次の3つに分けて考えることで、本当に今必要なお金を洗い出せます。

- **日常的な生活費**
- **5年以内の近い将来使うお金**
  （例：車の買い替え、旅行資金、子どもの結婚資金、孫の教育費など）

● **当分（5〜10年以上）使う予定がないお金**
（例：老後資金、親・配偶者等の葬儀費用、墓地・墓石費用など）

年齢や健康状態、資産残高によっては、当分使う予定がない場合、定期預金にしておいたり、低リスクの金融商品で運用したりすることもできます。

また、株式の配当や債券の利子、投資信託の分配金など、収益を定期的に受け取れる金融商品なら、元本を減らさず、年金の上乗せとしてお金を受け取るのも可能です。

チェックしよう
まとめ

☐ 老後の不安から「プチ貧乏」に陥っていませんか？
☐ 資金を、3枚の封筒に分けてから使うと考えてみましょう

老後のお金の危機は「3つの波」でやってくる

あなたの老後は幸せに、穏やかに過ごせそうでしょうか。

それは、最後（死ぬ？）までわからないことかもしれません。

ただ、お金の側面から見ると、**長い老後には、大きな3つの波（危機）があり、これさえ乗り越えれば、あるいは見通しがつけば、安心**と言えるでしょう。

その3つの波（危機）とは、次の通りです。

❶ 定年退職から年金受給まで（60歳代前半）
❷ 配偶者に先立たれた後（80歳代前後）
❸ 予想以上に長生きした場合（80歳代後半以降）

あなたが、60歳未満ならまだ対策する時間がありますし、すでに60歳以上でも、3つの危機を知り、これからお話しする方法をできる範囲で実践できれば大丈夫です。

定年退職から年金受給まで（60歳代前半）

原則、公的年金の支給開始は65歳からです。[※1]
ちなみに60歳の就業率は約7割です（総務省の「労働力調査」より）。ところが、給与は、60歳以降、年齢が上がると、どんどん下がっていきます。[※2]

収入が減少する一方、支出はそれほど大きく減るわけではありません。

特に、要注意は**「子どもの教育費」**と**「住宅ローン返済」**の2大支出です。

「結婚が遅くて、60代になっても、末っ子はまだ大学生……」

「退職金で、住宅ローンを完済するはずが、思ったほどもらえなかった」

このようなご家庭の場合、収入だけでは、支出がまかないきれず、貯蓄の取り崩し時期が早まることで、**「資産寿命」**を短くしてしまう恐れがあります。

そうなると、**気持ち的な「プチ貧乏」から「リアル貧乏」が現実味を帯びてきます。**

ここでの**効果的な対策は、「できるだけ長く安定して働く」こと。**そして、収入の範囲内で、**「家計をスリム化させる」**ことです。

中には、定年退職前から、「ねんきん定期便」で年金額を確認し、その金額でやりくりできるよう、少しずつ生活をスリム化する人もいます。とはいえ、日々の楽しみがなくなってしまうスリム化は、「自分の幸せに気づく終活」とかけ離れています。

例えば、喫茶店でコーヒーを毎日飲むのが趣味なら、喫茶店に行くのは週1回、残りの日は自宅でコーヒーをいれるのはどうでしょうか。

趣味や楽しみそのものではなく、その方法をどうスリム化するか。**生活水準を下げずに、いかに生活コストを抑えるかを考えてみると、これまで気づかなかった楽しみ方を発見できる**かもしれません。

配偶者に先立たれた後（80歳代前後）

続いて、夫など配偶者に先立たれた後、「おひとりさま」になってからの危機です。**問題は、一方が亡くなると、世帯の収入が激減してしまう**ということ。

総務省の令和4年「家計調査年報」によれば、2人世帯のうち、65歳以上の無職世

帯の年金収入（社会保障給付）は月額20万2058円。[※3]

年齢が上がっても、公的年金の額はそれほど大きく変わりませんので、**夫婦で暮らしていれば、ずっと、約20万円の年金が受け取れる**わけです。

しかし、夫と死別した65歳以上の女性の平均年金月額は12・1万円。これまで年金が20万円あったとすると、**年間約100万円も減少**します（厚生労働省の分析調査[※4]）。

ここでの**効果的な対策は、「夫婦仲よく元気に長生きする」こと**です。

単純なことのように感じるかもしれませんが、これがなかなか容易ではなく、しかも気づきにくいことなのです。つまり、日頃から健康に気をつけて生活するだけで、未来へのお金の備えになっているということになります。

予想以上に長生きした場合（80歳代後半以降）

最後は、**長生きによって老後資金が枯渇し、生活が困窮してしまう「長生きリスク」**。本来なら、長寿はおめでたいのに、リスクになってしまうなんて、悲しいことです。

平均寿命（2022年）は、男性81・05年、女性87・09年。でも、周囲には、もっと高齢な人がたくさんいらっしゃいますよね。ここでの効果的な対策は、前述の2つの波（危機）をどのように乗り越えてきたか、対策を実行したか次第です。

年を取れば、行動範囲も狭まって、それほどお金も使わなくなるという傾向はありますが、**それでも、貯蓄が底をつき、年金だけでは生活できなくなったら、迷わず、行政や福祉サービスを頼ってください。**

ちなみに、米国では、「富裕層と貧困層では、寿命に10～15年も差がある」といった研究結果が発表されるなど、経済的な余裕と寿命には密接な関係があるとわかっています。ぜひ、お金の危機を乗り切って、人生を楽しく長生きしましょう！

チェックしよう
まとめ

□ 老後には3つの波があると、心得ましょう

※1　昭和36年4月1日（女性は昭和41年4月1日）以前生まれの人なら、性別や生年月日に応じて、「特別支給の老齢厚生年金」が受給できるが、満額ではない。
※2　国税庁の「令和4年分民間給与実態調査」によると、給与所得者の平均年収は458万円。ピークとなる55～59歳は546万円だが、60～64歳では441万円と約100万円も減少する。
※3　2人以上の世帯のうち、65歳以上の無職世帯の実収入は月額24万8858円。
※4　現役時代に会社員や公務員だった夫が亡くなった場合、妻は、自分の老齢基礎年金に加えて、「遺族厚生年金」が受給できる。この額は、夫の老齢厚生年金（報酬比例部分）の4分の3となる。夫が生前受け取っていた老齢基礎年金は、遺族年金の対象外なので、妻が受け取る額は予想以上に少ない。
※354ページに、もっと知りたい！　あなたへの情報があります。

「ざっくり予算」で使えるお金がわかる

あなたは、家計簿をつけていますか。

20～40代の既婚女性を対象にした家計簿に関する調査によると、家計簿をつけている家庭は約8割（2022年9月、株式会社ベネッセコーポレーションより発表）。

最近の物価高や収入不安などを背景に、前年より15ポイント増えたそうです。

同調査の結果では、**「家計簿をつけている家庭ほど、黒字率が高い」**と言いますから、家計簿による、家計の「見える化」の効果は見逃せません。

私のお客さまも、年末になると家計簿を購入する人がいる一方で、「年金受給前はつけていたけど、今はつけていない」「長年の経験でちゃんと管理できるから不要」という人もいます。

でも、**家計簿をつける意味が、年金受給前後で変わる**と言ったらどうでしょうか？

これまで家計簿をつけてきた人も、その意味を意識すると、お金との向き合い方が変わるかもしれません。

そして、**これまで家計簿をつけてこなかった人はチャンス！** これから「お金をつくる」ために有効ですから、ぜひ始めてみることをおすすめします。

安心して使えるお金を洗い出す

家計簿は、ずばり**「家計管理簿」**です。

現役世代は、給与などの収入の中から、マイホーム購入や子どもの教育資金、老後資金といったライフプランに応じて**「先取り貯蓄」**を行い、残った分で、支出をやりくりするのが基本です。

目標額のねん出のため、ムダを洗い出し、節約しつつ、投資をして……現役世代にとっての家計簿は、**「できるだけお金を使わないようにする」**ためのツールなのです。

でも、終活適齢期の人にとっての家計簿の役割は違います。

家計簿をつけるのは「安心して使えるお金を洗い出すため」です。

なぜなら、年金は一生受け取れます。その範囲内で支出をまかなうことができれば、お金にあくせくする必要はありません。

ただ問題は、支出が年金額などの収入を上回ってしまうこと。そのため、**資産の取り崩しが、どのタイミングで、どの程度になるか知っておく必要があるの**です。

【「ざっくり予算」がわかる年間収支表】

手取り収入	給与	夫	円
		妻	円
	年金	夫	円
		妻	円
	預貯金の利息等		円
	その他の収入		円
収入合計 A			円

支出	基本生活費	食費、光熱水道、被服、通信など	円
	住居費	家賃、ローン、固定資産税など	円
	社会保険料	国民健康保険、介護保険など	円
	保険料	生命保険、損害保険など	円
	その他	レジャー費用、交際費、冠婚交際費など	円
支出合計 B			円
収支計 A − B			円

年間収支表で「ざっくり予算」を立ててみる

具体的には、家計簿以外に、右の図のような、年間収支表に記入して、家計の現状を「見える化」し、わが家に必要な「ざっくり予算」を立てて、収支を管理します。

収入の欄の**「給与」**や**「年金」**は、税金や社会保険料を差し引いた**手取り額**を記入します。預貯金や債券の利子、株式等の配当等がある場合は、**「預貯金の利息等」**に。家賃収入や個人年金、子どもからの仕送りは**「その他の収入」**に記入してください。

支出の欄の**「社会保険料」**は、給与や年金から差し引かれない、別途納付しているものがあれば記入しましょう。

ここで、収入から支出を差し引いた金額が

- **プラスの場合**…安心してお金を使ってください。
- **トントンの場合**…なんの問題もありません。現状維持で大丈夫です。
- **マイナスの場合**…貯蓄の取り崩しが始まっています。ムダな支出はないか、取り崩し額が適正範囲か確認してみましょう。

そこで、年金受給世帯の家計管理のポイントは次の2点です。

❶ **2か月分をまかなうイメージで予算を立てる（年金は2か月に1回支給のため）**

❷ **支出項目に合わせて管理する「時間単位」を変える**

❷は、例えば、

- **食費や日用雑貨など、日々の生活にかかるお金は「週単位」**

●**趣味や交際費など楽しむお金は「月単位」**
●**旅行や帰省費用、冠婚葬祭費、車検、固定資産税など、特別支出は「年単位」**

などで、メリハリをつけて調整するということです。

お金の見える化は、黒字になりやすいと言いましたが、例えば1週間の食費。想像していたより使っていると感じるのであれば、おすすめは「買い物の回数を減らす」など**ノーマネーデー**を作ってみましょう。そうすれば、必要ないものを買ってしまう機会も減りますし、この日の家計簿をつける手間がなくなるので一石二鳥です。

でも同時に、**「赤字になっても、気にしすぎない。特に、食費や光熱費の過度な節約は禁物」**です。

生活コストを減らすために、生活水準を下げると気持ちがめいりますし、健康を害したら、医療費などで、さらに赤字がかさんでしまいます。

266ページの「老後資金三分法」のうち、「残す」お金や「備える」お金を分けておくのが、やはりよいでしょう。

そうすれば、多少は安心してお金を使えませんか。

チェックしよう

まとめ

□「ざっくり予算」の表の書き込みに挑戦してみましょう

□年間収支表が「プラス」「トントン」「マイナス」のどれに当てはまるか把握しましょう

□食費や日用雑貨など、日々の生活にかかるお金は「週単位」で管理しましょう

□趣味や交際費など楽しむお金は「月単位」で管理しましょう

□旅行や帰省費用、冠婚葬祭費、車検、固定資産税など、特別支出は「年単位」で管理しましょう

住んでいる家が老後資金の足しになることも

私の出身は富山県で、全国でも有数の持ち家率の高さを誇っています。

総務省の「平成30年住宅・土地統計調査」によると、持ち家率の第1位は、秋田県で77・3％。富山県は残念ながら、第2位の76・8％です。

それでも、地元の親戚や友人・知人など、持ち家（しかも戸建て）ではない人はほぼいません。

全国的に、高齢になるほど持ち家率は高くなります。

同調査では、65歳以上の高齢者世帯の持ち家率は82・1％。このうち、高齢者のいる夫婦のみの世帯では、なんと87・4％が持ち家です。

一方、**地方の空き家問題も深刻化**していますよね。

「先祖代々の土地を、自分の代で売るわけにはいかない」

そんなお気持ちは、よくわかります。

でも、**不動産が財産ではなく、お荷物になっていませんか。**将来、誰も引き継ぐ人がおらず、空き家として放置されるくらいなら、生きている間に有効活用を考えてみましょう。

住んでいる家を「負動産」にせず、「富動産」として有効活用する方法には、**「売却する」「賃貸に出す」「自宅を担保にお金を借りる」**などが挙げられます。

それぞれ、向き・不向きやメリット・デメリットがありますが、ここでは、実際に、自宅を売却して、「よかった」事例と「後悔した」事例をご紹介しましょう。

自宅の売却資金は手に入れたものの……

●よかった事例

関東在住の鈴木順子さん（仮名・70代）は、2年前に夫が他界して以降、1人で郊外にある築40年の戸建てに住んでいらっしゃいました。

そこは交通の便が悪くて、運転ができない順子さんはタクシーやバスを使うしかなく、体力だけでなく、時間やお金もかかります。

そこで、すでに独立している2人の息子と相談して、夫から相続した自宅不動産を売却し、そのお金で、駅前の小さな中古マンションを買うことにしました。

そこならアーケードを使えば、傘いらずで駅まで行けて、どこに行くにも便利です。

住み替えにかかった費用を差し引いても、老後資金に余裕ができて、趣味や旅行、将来の自分の介護費用にもあてられると、順子さんはとても満足しています。

● **後悔した事例**

後悔した例は、**自宅を売却して、特定の子どもと同居したケース**です。

高橋一郎さん（仮名・80代）は、1年前に妻をがんで亡くしました。家のことはすべて妻任せだったため、この年齢から一人暮らしをする自信がなく、自宅を売却して、早々に、長男（50代）と同居することにしたのです。同居のために行った長男の自宅のリフォーム費用は、すべて一郎さんの貯蓄からです。

当初は、久々に同居する子どもとの生活が新鮮でしたが、慣れてくると、忙しい長男家族と生活スタイルがまったく異なり、1日中、1人でテレビを見ているだけ。

別居している長女が、「お兄ちゃんの自宅のリフォーム費用を出したなら、ウチの子の教育資金を援助してほしい」と、自宅の売却費用をアテにしだしたのにも頭を悩ませています。一郎さんは、こんなことなら、同居の前に、1人で暮らす努力をしてみてもよかったのではないかと後悔しています。

あなたは、2つの事例をどう思いますか。

いずれにせよ、年金や預貯金が少なく、ほかに財産は自宅不動産のみ、という人は、住んでいる家を有効活用する方法を知っておくと何かと心強いでしょう。

チェックしよう

まとめ

- □ 現在、あなたの自宅は「負動産」「富動産」どちらでしょうか？
- □ 自宅を「富動産」にする（「売却する」「賃貸に出す」「自宅を担保にお金を借りる」）可能性を探ってみましょう

「車がない生活」は現実的でしょうか？

「高齢ドライバーの事故のニュースを見るたび、心配でたまらない」

こんな悩みを抱える、高齢ドライバーの家族は少なくありません。

内閣府の「運転免許証の自主返納制度等に関する世論調査」（平成30年1月）によると、**どのような状況でも免許証の返納はしないと回答した人**は7・0％いました。

免許証は、高齢者にとって運転できるほど能力があるという「プライドの証」なのかもしれません。しかし、昨今の高齢ドライバーの事故の問題も深刻です。

大変な事故を起こす前に、自らの判断で自主返納したほうが、自分も安心だし、周囲も安心するのだと思うのですが、返納したくない、いろいろな事情はあるのでしょう。

ちなみに、もし、免許証の自主返納がめんどうだと思っているなら、それは杞憂です。**免許証の返納の手続きは、とっても簡単。**

警察署や運転免許センターで行うことができ、持ち物は免許証と印鑑だけでＯＫです。返納のみの場合、費用はかかりません。

「運転免許取消申請書」を記入し、提出すれば終了です。

同時に、**「運転免許経歴証明書」**を交付してもらいましょう。

免許証の代わりに身分証明書として利用できたり、提示するとさまざまな特典を受けられたりします。

特典は、お住まいの地域によって異なりますが、バスや鉄道、タクシーの乗車料金、生活用品、ホテルや観光施設等の割引があります。

免許証を返納し、車も手放せば、それまでかかっていたガソリン代、税金、保険料、車検などの**維持費だけで、年間30〜50万円の費用が節約できます。**さらに、先に挙げたような特典があれば、利用しない手はありません。

イメージとしては、免許返納によって、**「大人の学生証」**を手に入れる感じでしょうか。学生証って、いろんなところでお得な特典がありますよね！　そうしたメリットを手に入れるために、**免許から運転免許経歴証明書に書き換えると**思ってはどうでしょう。

しかも、そのお得は**「一生続く」**んですよ。

元気なうちに不便な生活にも慣れておく

一方の**デメリットは、やはり車がない生活は不便**なこと。

特に、公共交通機関が整備されていない地方は、買い物や病院への通院など、マイカーが主な移動手段です。車がなければどこにも行けません。

しかし、地方でも、車がない生活を送っている人もいます。全員が免許証を持っているわけではありませんからね。もちろん、便利な生活を手放すのは、勇気がいることですが、頭から、車がない生活は現実でないと思い込まず、**「車がない生活は、どんな感じだろう?」と、一度想像して**みてください。車がなくても意外になんとかなるかもしれません。

富山県で一人暮らしをしている私の母（80代）も、まだ運転はしています。

でも、乗るのは、日中、通いなれた近場のお店や病院に行く時だけと決めています。

関節リウマチの症状が辛くて、運転できない時は、**近所の人に乗せてもらって買い物に行ったり、病院からお迎えにきてもらったり**して、少しずつ、車がない生活に慣れるようにしています。

ですので、母は、次の車検を迎える時には、自主返納する予定です。

チェックしよう
まとめ

- □ 車がないとしたら、どうやって移動するか具体的にイメージしてみましょう
- □「大人の学生証」を手に入れたら、どんなメリットがあるか想像してみましょう
- □ お得な「大人の学生証」を手に入れてみましょう

困ったことがあれば「よろず相談所」へ

「以前は出かけるのが好きだったのに、外に出るのがおっくうになって……」

そんな、加齢にともなう体力や気力の変化を感じると、介護や認知症が心配になってきますよね。

そんな気がかりなことって、誰に相談しますか。

かかりつけ医の先生？
自治体の相談窓口？
ご近所の人？

みな正解とも言えますが、私のおすすめは、**「地域包括支援センター」**です。

地域包括支援センターとは、介護・医療・保健・福祉などの側面から高齢者を支える、**いわば高齢者の暮らしを地域でサポートする「よろず相談所」**です。

なんだか、元気なうちは相談しにくいイメージがあるかもしれませんね。

でも、ここに相談するのに、要介護認定の有無などの制限はありません。

地域包括支援センターには、「社会福祉士」「保健師」「主任ケアマネジャー」といった専門職が配置されており、次の4つの業務を行っています。

1「総合相談支援業務」

高齢者に関する困りごとの相談を総合的に受け付けています。介護保険サービスや行政、医療機関などの垣根を超えて、必要な制度やサービスの紹介が受けられます。

2「権利擁護業務」

高齢者の権利を守る業務です。例えば、虐待を受けている場合や認知症などで判断能力が低下し、金銭管理が適切にできない場合など。「成年後見制度」や「地域福祉権利擁護事業」の利用時のサポートも受けられます。

3「介護予防ケアマネジメント」

要介護認定で「要支援」と判定された人や要支援・要介護状態になる可能性が高い人に介護予防の支援をしています。「介護予防教室」や「健康づくり教室」を開催しているセンターもあります。

4「包括的・継続的ケアマネジメント」

医療・保健・介護の専門職や地域住民との連携を推進しています。具体的には、地域ケア会議の開催、ケアマネジャーへの個別指導や相談、支援困難事例への指導や助言などです。

地域包括支援センターは誰でも相談できる「よろず相談所」

要するに、**地域包括支援センターに行けば、高齢者のたいていの困りごとの相談に乗ってくれる**ということなのです。

もちろん私も、母と一緒に行ってみました。

私の場合、まず最寄り（一般的に中学校区域ごとにあります）の地域包括支援センターに電話をして、自治体の福祉や介護サービスの概要をまとめた小冊子※を送ってもらい、後日、母と一緒にセンターを訪問。

母が、これからも1人で、できるだけ自立して生活できるようなサービスや制度の情報を聞いて、「いいな」「必要だね」と感じたサービスを選んで決めました。

緊急時の対応は難しいようですが、母も、**「何かあれば、ここに相談すればいい」**

と知って、安心したようです。

地域包括支援センターは、介護サービスの窓口ともなりますので、場所や連絡先など、元気なうちに確認し、担当者の方などと、つながっておくことです。

そして、少しでも困ったことがあったら、連絡先の1つとして覚えておきましょう。

チェックしよう

まとめ

□ 最寄りの「よろず相談所（地域包括支援センター）」の場所と連絡先を調べてみましょう

※『高齢者のサービスガイドブック』等の名称で、各自治体が独自に作成している。地域の情報満載なので、親だけでなく自分のためにも入手しておきたい。

子どものこれからを「誰かに託す」という選択

「まさか、わが子が、こんなにも長く、ひきこもりになるとは……」

内閣府が2022年に実施した調査によると、外出をほとんどしない状態が長期間続くいわゆる「ひきこもり」の人は、15歳から64歳までの2%余りにあたる推計146万人に上ることがわかりました。

と言っても、なんだかピンときませんよね。

この数字は、おおよそ、**15歳から64歳までの約50人に1人がひきこもり状態**だということです。そう聞くと、他人事とは思えなくなりませんか。

「８０５０問題」から「９０６０問題」へ

子どものひきこもりが長期化した場合、事態は深刻です。

親子ともに貧困リスクに晒《さら》される「親子共倒れリスク」があるからです。

「８０５０問題」って、聞いたことはありませんか。これは、80代の親が年金で50代のひきこもりの子どもを養う問題のことです。

70代の親と40代の子どもなら、ギリギリなんらかの収入を得て生計を維持できていたとしても、80代になると、ほとんどが年金以外の収入を断たれてしまいます。

それが、現実はもっと厳しくなりつつあります。徐々に、90代の親が60代の子どもを養わねばならない「９０６０問題」へと移行しつつあるのです。

親が90代ともなれば、親自身の医療費や介護費の負担も出てきますし、収入のない子が親の年金に頼って生活していると、親が要介護状態になっても、施設へ入所させることを拒むケースもあります。
とはいえ、ひきこもりの子どもが、在宅介護できるはずもなく、結果として高齢の親に対するネグレクトに発展する恐れも出てきます。

ひきこもりの問題が解決できればいいのですが、そう簡単にはいかないことが多いはず。ですから、まずは親自身の老後の生活の心配を取り除き、その後に子どもの生活をどうするか、ということになるでしょう。

「親亡き後問題」への対策

「自分たちが死んだ後、残された子どもの生活が成り立つようにしておきたい」

ひきこもりだけでなく、病気や障害をお持ちの子どもを持つ親であれば、この問題を解消しなければ死ぬに死ねないという人もいるかもしれません。

そんな**「親亡き後問題」**への対策としては、次のような方法があります。

どれか1つだけやっておけば万全というものではなく、できる範囲で検討してみてください。

●**子どもの生活環境を整えておく**

例えば、公共料金の引き落とし口座を「子ども名義の」口座に変更しておくなど

●**子どもの障害年金を貯めておく**

障害年金を受給している場合、親の存命中はそれを貯めておく

●**自宅（不動産）の活用**

親の死後、自宅を売却して、ひきこもりの子どもが生活しやすい、駅近のワンルー

ムマンション等を購入できるように準備しておく。ただし、売却したお金は、ほかのきょうだいにも分けること（代償分割）

●生命保険の活用

親を契約者・被保険者、子どもを受取人にして、死亡保険に加入する。「収入保障保険」など、分割で受け取れるものの方が使い込むリスクは低い

●家族信託の活用

きょうだいなど他の親族に財産管理を委託して、親の財産からひきこもりや障害のある子どもの生活費を工面するように依頼できる

●遺言書の作成

ひきこもりや障害のある子どものめんどうをみることを条件に、ほかの親族や信頼できる人に財産を遺贈する「負担付遺贈」をする

これらの対策上、**注意すべきは、「親が元気で判断能力があるうちに」やっ**

てておくこと。そして、「きょうだいや親族など第三者の協力が欠かせない」ということです。

チェックしよう

まとめ

□「親亡き後問題」は、誰かの手を借りることをお忘れなく

ペットの「長生きリスク」に備えておく

あなたは犬派？　それともネコ派？

実際に好きで飼っている人もいるでしょう。今はペットといっても多種多様。うさぎやチンチラ、フェレット、インコ、熱帯魚……どのペットであっても、飼い主さんにとっては、家族同様、いやそれ以上の存在でしょう。

となると、自分に万が一何かあった場合、残されたペットがどうなるか。自分が病気やケガで入院したり、介護施設に入所したりした場合、誰に世話を頼むか。

ペットのこれからは、飼い主さんの大きな心配事の1つと言えそうです。

では、そのペットがどれくらい生きるか、考えてみたことがありますか。

犬の平均寿命は14・2歳、ネコは14・7歳です。実は**10年前と比べると、1歳ほど「長生き」になっています。**（アニコム損害保険の「家庭どうぶつ白書2023」より）

また、当然のことながら、ペットにはお金がかかります。

同白書によると、1年間にかけた費用は、犬が平均約35万7000円、ネコが平均約16万1000円と、ネコのほうが半額程度です。

経済的には、ネコのほうが「おトク」と言えます。ネコの場合、治療費が犬の約半分、しつけやトレーニング、シャンプー・カット代がほとんどかからないからのようです。

ただし、人間と同じく、治療費は年齢が高くなるほど上がります。

平均年間診療費は、1歳の犬が約5万円、ネコが約4万円に対して、15歳になると、犬は約24万円、ネコは約18万円と、5倍近くも膨れ上がるのです。

ここでも、ネコが優勢ですね。

ペット保険に加入していても、そのほとんどは、「事後精算方式」です。保険金の請求は後日行うにせよ、動物病院の窓口でいったん全額を支払わなくてはいけません。

誰かに託す場合には、経済的負担も考慮して

残されるペットのために、託せる身近な人がいたら、早めにお願いしておきたいもの。でも、「もしもの時はお願いね」と、単なる口約束だけで安心してはいませんか。

前述のように、ペットには相当の費用がかかり、介護が必要になるかもしれません。**託す相手の負担が少しでも軽くなるよう、「負担付遺贈」や「負担付死因贈与」で備えておきましょう。**

前者は、自分が亡くなった後にペットを引き取ってくれる人に、エサ代や治療費などの費用を遺贈する（遺言によって財産を無償で譲る）ことです。遺言書を作成し、金額や条件などを明記しておきます。

後者は、生前に遺産の一部を渡すことを契約しておくことです。飼い主さんの生前に行うため、遺言よりも確実かもしれません。

先日、見学に行った樹木葬の霊園では、ペットと一緒に埋葬してもらえるお墓を見つけました。もしも「自分もペットと一緒のお墓に入りたい」とご希望なら、自分が先に他界した時に備えて、ペットの死後に埋葬してもらう生前の契約もお忘れなく。

なお、最近では、誰もペットを託せる人がいない場合、次の飼い主さんを探したり、終生飼育をしてくれたりするサービスを提供する団体もあります。

ただ、こちらも、事前に飼育費用などを信託する契約を結んでおく必要がありますので、いずれにせよ、早めに準備をしておいたほうがよさそうです。

チェックしよう

まとめ

- □ ペットのほうが長生きする場合を想定し、誰に託すか検討しましょう
- □ ペットを誰かに託す場合は、経済的な負担も考慮しておきましょう

「もしも」の備えには保険に入るより「筋トレ」をすすめる理由

終活において、「備え」は大切です。備えのために、時間や労力を使ったりします。

でも、その備えは、

なぜするのか？

本当に必要なのか？

この2つの質問は、必ず自分に問いかけてほしいと思っています。

なぜなら、

「もう保険には入っているんですが、年を取ってくると、やっぱり病気のことが心配です。今から、もっといい保険に入っておいたほうがいいですか」と尋ねられることが少なくないからです。

でも、一度立ち止まって考えてみてほしいんです。

ある調査によれば、医療保険・医療特約の世帯加入率は93・6%。なんと、**9割以上もの人が、なんらかの医療保障を保有しているの**です（生命保険文化センター「2021年度 生命保険に関する全国実態調査」より）。

さらに、**年齢や収入を問わず、医療保障は大部分の人がマストと考えている**ことも示されています※。

でも、「なんとなく」「入っておけば安心だから」という理由で保険に加入していませんか。今からとても大事なことを言うので、心に刻んでおいてください。

保険は「必要な額だけ、必要な期間だけ」かけるのが大前提です。

ただ、高齢になると何かあった時に不安というお気持ちもわかります。

そこで、**いくら預貯金があれば、保険を卒業できるか**考えてみましょう。

厚生労働省が発表している生涯医療費（令和2年度）のデータでは、保険が適用になる医療費の総額は、**男女平均で2695万円**です。

そして、この**約半分が70歳以降にかかります**（70歳以上1364万円）。

70歳以上の医療費の自己負担割合を2割とすると、**約273万円**（1364万円×0・2）となりました。

もちろん、ここから高額療養費が適用になり、実質的な自己負担はもっと少なくなります。でも、差額ベッド代や自由診療の治療も考慮すると、おおむね、**70歳以降の医療費の目安は約300万円**と考えられます。

ですから、**300万円くらいの預貯金がある人は、保険を卒業して、「自家保険」**

として、お金を積み立てておけばよいのです。

それに、(民間)保険は、契約時の条件に該当しなければ、病気になっても、1円ももらえない可能性があります。それを理解しておきましょう。

保険はほどほどにして、予防に時間もお金も使う

私は、40歳で乳がんを発症し、健康であることの大切さを痛感しました。それ以来、「健康」に「時間」と「お金」を使うようになったのです。

保険での備えは、もちろん重要です。でも、**病気にならなければ、保険料は掛け捨てになります**(一部、掛け捨てでないタイプもあり)。

ということは、**保険に入ると、病気にならなければ損する**わけですよね。

先ほどの医療保険の加入率を見ると、なんとなく、「病気になるほう」を重視して、

お金をかけている人がたくさんいるような気がします。
それよりも、保険はほどほどにして、がん検診を受けたり、筋トレをしたり……
「病気にならないほう」に時間とお金をかけたほうが合理的ではないでしょうか。
どれだけ医療が進歩しても、病気にはならないのが一番ですから。

チェックしよう
まとめ

- □ **300万円の貯金があれば、保険の〝卒業〟を検討しましょう**
- □ **保険をかけるより、筋トレを始めましょう**

※ 加入率を世帯主年齢別にみると、年齢が上がっても、加入率はほぼ変わらない。「29歳以下」から「75～79歳」と「85～89歳」で9割を超え、さらに、世帯年収別では、「200万円未満」以外の層ですべて9割超となっている。

10年後もお金を自分のために使うには

「255兆円」

これが、なんの金額かわかりますか。

認知症高齢者の保有する資産の合計額です。

2020年時点で、内訳は、金融資産175兆円、不動産80兆円です。これは、**日本の家計が保有する資産総額の8%強**に当たります。

これが、どれくらいのインパクトかというと、**39歳以下世帯の金融資産額が117兆円。その倍を上回る規模のお金が経済活動に参加できない**わけですから、社会に与える影響はかなりの大きさだと想像できませんか。

しかし、今後も高齢者の増加で、認知症高齢者の保有資産はさらに増え、2040年には349兆円、家計資産総額の12％を超える見込みです。

銀行から「意思確認ができない」と判断されれば口座は凍結

高齢期の財産管理の問題は、社会だけでなく、あなたを含む個人にとっても、切実です。

認知症の発症率は、80〜84歳で男性18・8％、女性24・2％。それぞれ「5・3人に1人」と「4・1人に1人」です。

そして、80歳以上の保有資産は、2人以上世帯4981万円、単身世帯3776万円。先ほどの255兆円よりもリアルに感じるでしょう。

認知症を発症すると意思決定を伴うさまざまな法律行為が制限され、金融資産の運用だけでなく、自宅不動産の売却などもできなくなります。

まず困るのは銀行口座です。

本人の判断能力がないという事実を銀行が知ると、預金口座を凍結してしまいます。すると、たとえ配偶者や子どもであっても、口座の名義人である本人以外が口座から勝手にお金を引き出すことはできません。[※1]

費用がかからず、手軽にできる財産管理法

そこで、10年後も自分のためにお金を使えるよう、判断能力がしっかりしている今から準備できる方法をご紹介します。

預金口座から家族がお金を引き出す場合、手軽にできるのが、**「代理人カード」の作成や「代理人指名手続き」**です。

代理人カードは、本人の代わりに銀行口座から預貯金の出し入れができるものです。口座を持っている本人が手続きすれば無料で作成できます。

だいたい**1日当たりの引き出し限度額は50～100万円ですから、ちょっとした出費はこのカードで済ませることができるはず**です。

また、口座のある銀行が、銀行口座から入出金できる人を決めておく「代理人指名手続き」のサービスを導入していれば、事前に手続きしておくのがおすすめです。

本人の判断能力が低下した際、代理人（原則として配偶者または二親等以内の親族等）が所定の診断書等を銀行に提出して、それ以後は代理人が本人に代わって、預金の入出金や金融商品の売却、住所変更等ができます。

また、もう1つの手軽な方法は「預かり金」です。

これは、あらかじめ100万円など、まとまったお金を子どもの口座に入れておき、「自分の判断能力が低下した時や、要介護状態になった時のために、子どもに管理してもらう財産として預けます」といった覚書を書面で交わしておきます。

実際に自分の判断能力が不十分になって、生活費や介護費などが必要になった時に、子どもが預り金から使うことができます。**単に預かっているだけなので、贈与税はかかりません。**

信頼の置ける家族がいないという人は、福祉サービスの利用援助や相談に乗ってくれる**「日常生活自立支援事業」**を利用する方法があります。

これを利用すれば、日常的な範囲での預金の引き出しなどの金銭管理について支援を受けられます。利用料は平均1回1200円とお手軽で、生活保護世帯なら無料です。[※2]

費用はかかるが、やってほしいことを事前に決めておける方法

「費用がかかっても、早めにちゃんとしておきたい」という人におすすめなのは、次の2つです。

- **後見人にしたい人や、してほしい内容を本人が選べる「任意後見」**
- **本人の財産の管理・運用を家族など信頼できる人に託す「家族信託」**

任意後見は、成年後見制度の1つで、342ページで詳しく説明していますので、ご参照ください。

任意後見のメリットは、自分の判断能力がある間に「こうしてほしい」、「ああしてほしい」ということを自由に選べるという点です。

ただ、本人の自由意思を尊重する観点から、法定後見のような取消権はないので、

トラブルが起きた時に代わって取り消すことはできません。

必要な費用は、次の4つです。

❶ **公正証書の作成手数料**
❷ **文案作成報酬**（専門家への相談料含む）
❸ **任意後見人の報酬**
❹ **任意後見監督人の費用**

専門家を頼らず自力で作成し、任意後見人は家族で無報酬にすれば、❷❸はかかりませんが、最低でも、作成手数料（約2万円）と任意後見監督人の報酬（年額12万円〜）はかかります。

そして、家族信託は、預貯金や不動産といった資産を信頼できる人に託し、契約時に決めた方法で管理や運用をしてもらう制度で、弁護士や司法書士、信託銀行などで相談できます。

家族信託は、成年後見制度よりも柔軟な財産管理ができ、遺言の代わりにもなります。遺言ではできない孫や次の世代への二次相続以降のことも本人が決められますが、ネックはやはり費用負担です。

不動産があるかどうかや、依頼する専門家によって金額は変わりますが、手数料や登録料などで30～100万円が目安です。

いかがでしょうか？

自分の口座が使えなくなることを、想像してみてください。

10年後も自分のためにお金を使うためには——何事も早めの対策が肝心ということです。

チェックしよう

まとめ

□ 自分の口座が使えなくなることを想像してみましょう

※1 入院中など、本人の同意を得ている場合は、キャッシュカードを預かったり、代理人カードを事前に作ったりしておけば、引き出しは可能。

※2 ただし、契約の内容を理解できるだけの判断能力がないと利用できない。なお、契約能力や契約意思の有無は、「契約締結判定ガイドライン」に沿って契約前の面談で確認される。また、預金の引き出しは、あくまで日常的な範囲に限られる。

※355ページに、もっと知りたい！　あなたへの情報があります。

気軽に行ける病院や薬局が健康管理を手伝ってくれる

コロナ禍がピークだった頃、ワクチンは、かかりつけ医で接種するように言われて、かかりつけ医を持たない人が困ったという話を聞きました。

特に今健康な人は、かかりつけ医など、なじみがないことも多いでしょう。いざ不健康になった時しか、健康のありがたみを感じにくいのが人間です。

でも、**自分の体に関して把握してくれている人がいる**ことは、あなたにとってメリットがたくさんあります。

一番は、「安心」が得られること。病院や薬局に頼る時は、自分の心身に問題がある時でしょうが、そういう「もしもの時」に信頼できるプロがいてくれることは、あなたにとって心の支えとなるはずです。

例えば、介護や看取りが必要になった際には、持病や普段服用している薬、血圧や血糖値などの基本情報が欠かせません。

とりわけ、介護保険のサービスを利用するには、要介護認定を受ける必要があり、その際に**「主治医意見書」**が求められます。自治体は、申請書の主治医の欄に書いてある医師から申請者の心身の状況等について現状を確認します。

主治医がいない場合は、自治体が指定する医師の診断を受けて作成しますが、日頃から、心身の状態や家族の介護事情などを把握してくれる、かかりつけ医に意見書を書いてもらえば、なにかと安心ですよね。

かかりつけ医がいると、具体的かつ実態を反映した正確な介護認定につながる

それに、「家族の言うことは聞かないのに、○○先生（かかりつけ医）の言うことなら素直に聞く」というケースもあります。

私のお客さまの中には、

「デイサービスに行きたくないと言い張る認知症の母に、かかりつけ医から、電話で行くようにすすめてもらったら、ご機嫌で行くようになった」という人もいます。

ぜひ、自分の体調を把握し、ケアマネジャーや専門医と連携してくれる**「かかりつけ医」**を近所で見つけておいてください。

薬局も同じです。

薬局というと、お薬をもらうだけのところの印象がありますよね。

でも、**薬剤師に、診療科の壁はありません。**

医師は、自分の専門分野の薬には詳しいですが、専門外の薬を使用することになった場合など、**「かかりつけ薬局」の薬剤師**のアドバイスは有効です。

例えば、糖尿病の薬を服用している患者さんが、がんなどの他の病気になったなど、1人で複数の病気を抱えている高齢者はたくさんいます。

このほか、健康食品やサプリメントなどを利用している人もいますよね。

薬の飲み合わせには、副作用や相互作用で治療効果に影響が出ることもありますので、私も、何か薬を処方された際には、薬剤師に確認するようにしています。

かかりつけ医は、お金の面からもメリット大

紹介状なしに大病院を受診した時に、初診料などとは別に費用がかかることをご存じですか。

「特別の料金」と呼ばれるもので、200床以上の大病院や特定機能病院を受診した場合、「初診時選定療養費」として7000円（以下・別途消費税）がかかります。

この料金は、病院が自由に決められ、医科と歯科、初診と再診で異なります。

私は、毎月、東京都内の病院で患者さんとの相談会を実施しており、昨年の夏に行ってみると、

「令和5年8月1日、当院は「紹介受診重点医療機関」として東京都より公表されました。10月2日以降は、完全予約制となります」

と書かれたポスターが、でかでかと張ってありました。特別の料金も大きく引き上げられ、8800円から11000円となるそうです。

紹介受診重点医療機関とは、2022年10月1日から施行された改正の際に設けられたもので、外来受診の際に紹介状が必要となる200床以上の大病院です。当初は、2023年3月頃から公表される予定でしたが、遅れて、2023年8月以降、各自治体が発表しています。

こんなふうに、国は負担増となる制度改正を、ひっそり、こっそり行っています。

知らずに、うっかり大病院に行って、診察費などとは別に1万円以上もかかった、では、たまったものではありません。

気軽に行けるかかりつけ医や薬局を見つけ、気になることがあれば相談しましょう。その病院で検査や治療が難しいのなら、すぐに、大病院へ紹介状を書いてくれるはずです。

体調がすぐれない時は、ちょっとした時間も手間も想像以上にストレスになります。ですから、**体にも、お財布にもやさしい流れを作っておきましょう。**

「ミニマリスト」は、冷蔵庫などを持たずに、その機能を近所のコンビニに置いたことにしてモノを持たない暮らしを実現していると言います。

これは、他で代用できるものがあれば、自分の生活から省いてしまって、他のことに注力できるというメリットがあるようです。

かかりつけ医とかかりつけ薬局がいるのも、ある意味、**自分の体を知っておいてくれる人を「外に持つ」**ようなものではないでしょうか。

要するに、**自分で体のことをチェックするだけでなく、その道のプロの人に**

もしっかりと把握しておいてもらう。多面的に、自分の体の状態をサポートしてくれる仕組みを作っておく、ということです。

健康に関する悩みが1つ減れば、他のことに時間を費やす気持ちの余裕も生まれます。

チェックしよう

まとめ

- □ 体調が悪い時、毎回違う薬局でお世話になっていませんか？
- □ 病気になった時、いきなり大病院で診てもらったりしていませんか？
- □ 気軽に行けるかかりつけ医、薬局はありますか？

結局、人は1人で生きられない。ではどうするか？

「ふと考えてみると、頼れる親族や友人が誰もいない……」

そんな気づきが、終活を考えるきっかけになったという人もいます。

亡くなった後のことがどうとか、そういう問題ではなく、現実的に、今生きていくことに不自由が生じる可能性があるのです。

ずっと独身だった人だけでなく、例えば、夫に先立たれて、子どももいない。

若い時に離婚して、そのまま1人。

家族や親族と仲が悪い。

きょうだいや親戚はいるが、みな高齢で頼れない。

事情は、さまざまですが、頼れない人がいないのは、みな同じです。

「まあ、1人でもなんとかなるさ」と思っていても、現実的に困るのが、病院や高齢者施設などに入院・入所する際など、「身元保証人」問題に直面した時です。

一般的に、身元保証人になれるのは、
●本人の家族や親族であること（3親等以内の親族など）
●年齢は成人以上で、年金受給者（65歳）未満であること
●定期的に確実な収入があること
●住まいが、本人の近くにあること

つまり、いくら親しくしていても、遠く離れて住み、自分と同じくらいの年代の年金受給者では、身元保証人になれません。

これは、いざその時になってみないとわからないことですので、「もしもの時」の備えとして、事前に対策しておいてほしいことの1つです。

厚生労働省が2017年、2018年に公表した調査によると、介護施設の95％、病院の65％では、入所・入院時に身元保証人の署名などを必要としています。

介護施設の場合、3割が「署名がなければ入所を拒否する」と回答しました。

本来なら、正当な理由のない入所や入院の拒否は、厚生労働省の省令や医師法で禁じられています。2018年には、厚生労働省が、改めて注意喚起の通達を出したものの、あまり状況は変わっていないようです。

身元保証人が不要のところもゼロではありませんが、受け入れ側としては、医療費や利用料の未払い、入院・入所後の身の回りの世話をする者がいないこと、緊急時の対応などに対する不安、といった**リスクを回避するため、「家族の代わり」となる身元保証人が必要**だとみなしているのでしょう。

でも、時代の流れとして「身元保証人がいない」人が、これからも増えていくのは確実ですよね。

身元保証人がいない場合の「頼れる人」の探し方

身元保証人がいない場合の対処として、あなたに最も関係があるのは主に**「成年後見制度」を利用することです。**

成年後見制度とは、精神疾患や認知症などによって、1人ではいろいろなことを決めるのに不安や心配がある人が、不利益を被らないよう、日常生活を送るための契約や手続き、財産管理などをサポートする制度です。

成年後見制度は、「法定後見」と「任意後見」の2つがあります。

前者は、認知症などで**「判断能力がなくなった後」**に、家庭裁判所に後見人を選任してもらうものです。申立人は、配偶者や子ども、4親等内の親族などです。

ただ、高齢で身寄りがなければ、地域包括支援センターや社会福祉協議会にサポートしてもらって本人が行ったり、市区町村長が申し立てたりすることになります。

後者は、**「判断能力がなくなる前」**に、本人が成年後見人を指名し、やってほしい内容を契約しておくものです。

行う業務については、両者でそれほど大きな違いはありません。

ただし、**本人があらかじめ信頼できる人や専門家などに頼んでおきたいという希望があるなら、判断能力があるうちに、任意後見契約を結んでおく**ことです。

そうすれば将来、認知症などになった時、病院への入退院手続きや医療費の支払い、介護施設への入所契約や施設利用料の支払いをしてくれます。

誰にも迷惑をかけない。でも、誰か、あるいは何か頼れる先を見つけておくのは、自分にとっても、周囲にとっても、安心してこれからの人生を送る上で、大事な終活の1つです。

なお、最近利用する人が増えているサービスに**「身元保証会社」**があります。

ただ、新規参入が多い分、サービスや料金設定などがバラバラで、業界全体のルールやガイドラインもありません。利用には注意が必要です。

チェックしよう

まとめ

□ あなたの頼れる人は、身元保証人になれますか？

□ あなたの成年後見人は誰になるか、決まっていますか？

※356ページに、もっと知りたい！　あなたへの情報があります。

おわりに

2024年の新年早々。
家族と旅行に出かけるため、早朝から車で移動していた時。大学時代の友人から「今、電話で話せる?」とSNSで連絡がありました。

急いで電話すると、ご主人が、白血病を発症したと言います。
あまりに突然のことで慰めの言葉も出てきません。
その数日後、ご主人は亡くなりました。まだ50代だったのです。

人の死は、突然やってきます。
後悔のないよう、人生を楽しみたい。そのためにお金を使いたい。

でも、もし、予想以上に長生きしたら。お金が底をついたら。

私たちは、これまで誰も経験したことのない超高齢社会を生きています。

幸福に、そして経済的にも精神的にも身体的にも、豊かに暮らすためにお金は必要であり、「健康寿命」とともに「資産寿命」をいかに延ばすかという議論は始まったばかり。確たる答えはまだ見つかっていません。

でも、今を大切に生きることで、幸福になれるはずです。


自分の幸せを実感できない。老後のお金がなくて不安でたまらないという人は**「スリー・グッド・シングス（=Three Good Things)」**を実践してみてください。

方法は簡単。

寝る前に、その日起きた3つの良いことを書き出してみるだけです。

ペンシルベニア大学のセリグマン教授らが「ポジティブ心理学」の中で提唱しているもので、「幸福度が上がる」「ストレスに強くなる」「物事を自分でコントロールできる力が強まる」などの効果が立証されています。

要は、幸せになれるかどうかは、自分の気持ちの持ち様次第ということかもしれません。

終活も同じです。

終活をしてみたら、自分の人生って、思っていたより幸せかも。と感じられませんか?

エンディングノートや遺言書を書いたり、不用品を整理して断捨離をしたり、年賀状じまいをしたり……終活のやるべきリストをこなすことも必要です。

でも、それ以前に、自分のこれまでの人生を振り返り、残りの人生を後悔のないようにしたいと思いを馳せること自体が、終活なのではと思う今日この頃です。

本書が、終活に興味のあるみなさんにとって、「これならやってみたい」と一歩を踏み出すのに役に立てれば、幸いです。

黒田　尚子

もっと知りたい！

あなたは こちらもお読みください

第3章118ページ

使っていない口座はありませんか？「休眠預金等活用法」が始まっています

長い間、引き出しや預け入れなどがない預金は、「休眠口座」として、民間公益活動のために活用する休眠預金等活用法が始まっています。

対象となるのは、2019年1月以降に発生する10年以上取引のない「休眠預金」で、銀行の普通預金や定期預金、郵便局（ゆうちょ銀行）の通常貯金や定期貯金、定額貯金、信用金庫の普通預金や定期積金などが該当します。

三菱ＵＦＪリサーチ＆コンサルティングの「休眠預金に関する意識調査」（2016年）によると、70歳以上の男性で13.3％、女性18.9％が、休眠口座があるかどうか「わからない・把握していない」と回答しています。
思い当たるなら、一度、休眠口座がないかしっかり確認してみましょう。

第3章142ページ

地方移住と「日本版CCRC」

CCRC(Continuing Care Retirement Community)の発祥は米国で、全米で2000か所、約70万人が居住しています。CCRCでは、健康促進のための食事や運動などトータルで予防医療に取り組んでおり、仕事をしたり学校に通ったり趣味を楽しんだりと、高齢者が生きがいを持って暮らせるようなプログラムやサービスが充実しています。

日本版CCRC(生涯活躍のまち)は、2015年に政府の有識者会議において「高齢者の希望の実現」「地方への人の流れの促進」「東京圏の高齢化問題への対応」を目指して立ち上げられました。

しかし、「高齢者の地方への押しつけ」など、地方の理解を得られないケースなどもあったことから、政府は2020年、CCRCについて「前世代・全員活躍型」とし、高齢者だけでなく幅広い世代によるコミュニティ形成を目指す方針に転換しています。

第3章148ページ

NISA「つみたて投資枠」と「成長投資枠」どっちがおすすめ?

ＮＩＳＡは非課税の箱のようなものですが、その箱には、「つみたて投資枠」と「成長投資枠」という仕切りがあります。

前者は投資信託の積立のみで、年間120万円まで。後者は上場株式、公募株式投資信託、ＥＴＦ（上場投資信託）、海外ＥＴＦ、ＲＥＩＴ（不動産投資信託）などが対象で、年間240万円まで投資できます。

以前は、この仕切りは、取り外すことができませんでしたが、新ＮＩＳＡでは取り外して、併用できるようになったのも改善点の１つです。

つまり、一緒にやれば年間360円まで。上限は1,800万円（うち成長投資枠1,200万円）ですから、最短５年で上限まで投資できる計算です。

同じ投資ビギナーでも20代、30代には、「つみたて投資枠」で株式型の投資信託をコツコツ積立などとアドバイスしています。

投資信託には株式型や債券型、バランス型など、さまざまなリスクの商品があって、60代、70代でも使い勝手がよいでしょう。

でも投資を楽しんでみたいなら、「成長投資枠」で、上場株式にチャレンジするのはいかがでしょうか。

投資するのは、例えばこんな会社があると思います。

- あなたが長年愛用している食品や電化製品を作っている会社
- 車のメーカーなどの身の回りの身近な会社
- 余裕資金として使えそうな高い配当を出す会社
- 食料品やレストランの優待券など株主優待が充実している会社
- 自分が生まれ変わったら入社してみたい会社

などなど。

10万円台などで買える銘柄もありますし、株式投資には、売買して利益を得るだけではない魅力があります。

第6章277ページ

死亡保険や年金の繰下げ受給も検討を

「夫婦仲よく元気に長生き」が、お金の危機の２つ目の波（80歳代前後）の対策になりますが、夫が亡くなったら、妻が受取人の死亡保険（終身保険など）に加入して、妻の老後資金にあてるようにしておく方法もあります

さらに、妻の年金は、65歳から受け取らずに「繰下げ受給」を選択して、妻名義の年金額を増やしておくのも効果的です。

令和6年度の老齢基礎年金の満額は、81万6,000円（昭和31年4月2日以後生まれの人）ですが、これは65歳から受け取った時の額。75歳から受給すると約150万円。なんと、約68万円も多く受け取れます。

ただし、年金が増える分、税金や社会保険料の負担も増えますので、これが手取り額になるわけでない点にご注意ください。

第6章326ページ

「預り金」は家族間でもめないように対策を

子どもに管理してもらう財産として預ける「預り金」に贈与税はかかりませんが、相続が発生した場合は、相続財産となります。

後でもめないよう、普段使っている口座とは別で管理し、明細のメモや領収書などを取っておくようにします。

きょうだいなどにも「預り金」を託されていることは伝えましょう。

第6章329ページ

「家族信託」はそれなりの額を残したい人向け

本人の財産の管理・運用を家族など信頼できる人に託す

「家族信託」は、例えば、親から子どもへと家族信託の契約をした場合、財産の名義は子どもへと移りますが、財産から生じた利益は親の介護費や医療費など、本人のために使うことができます。

子どもの資産となるので親の判断能力が低下した後も凍結されず、その資産は親のために使われるのです。

最近では、ノウハウの普及で、信託財産が自宅不動産＋金融資産3,000〜5,000万円程度の人でも利用するケースも増えていますが、資産が１億円以上など、それなりの額の財産を家族や子孫にしっかりと残しておきたい、という人に向いています。

第6章344ページ

身元保証人がいない時の「身元保証会社」という選択肢

最近サービスを利用する人が増えている「身元保証会社」。

利用者には、身元保証だけでなく、通院の付き添いや買い物の代行など、日常生活支援サービスも提供してくれます。

さらに、後見人とは異なり、保証人であれば、本人が亡くなった後も効力があるため、葬儀や死亡時の手続きなど、死後事務サービスも対応可です（ただし、2016年の民法改正で、法定後見人は本人の死後、火葬に関する契約ができると規定）。

しかし、2016年に、業界大手の一般財団法人「日本ライフ協会」が、預託金を不正流用するなどして破綻した後も、業界全体のルール作りは進まず。未だに監督官庁が明確ではなく、ガイドラインもありません。

費用も決して安いとは言えません。一般的には、サービスの利用開始時に必要な額が、最低100万円以上の場合が多いようです。

利用をお考えの場合は、まずは、地域包括支援センターなど、公的な窓口で相談してみること。

そして、契約の際は、友人や知人など、誰かに同行してもらって、自分と事業者の二者で対峙しないことです。

契約書類が、複雑でわかりにくい場合もありますし、不要なサービスを無理にすすめられて、高額なプランを契約させられる可能性もあります。

付き添った第三者が、客観的に「おかしいな？」と感じたら、いったん、契約を止めてくれるよう、お願いしておきましょう。

終活1年目の教科書
後悔のない人生を送るための新しい終活法

発行日　2024年 5月10日　第1刷

著者　黒田尚子
本書プロジェクトチーム
編集統括　柿内尚文
編集担当　山田吉之、福田麻衣
カバーデザイン　小口翔平＋後藤司（tobufune）
本文デザイン　村上佑佳（tobufune）
イラスト　村山宇希（ぽるか）
DTP　白石知美（システムタンク）
校正　脇坂やよい

営業統括　丸山敏生
営業推進　増尾友裕、綱脇愛、桐山敦子、相澤いづみ、寺内未来子
販売促進　池田孝一郎、石井耕平、熊切絵理、菊山清佳、山口瑞穂、
吉村寿美子、矢橋寛子、遠藤真知子、森田真紀、氏家和佳子
プロモーション　山田美恵
講演・マネジメント事業　斎藤和佳、志水公美

編集　小林英史、栗田亘、村上芳子、大住兼正、菊地貴広、大西志帆
メディア開発　池田剛、中山景、中村悟志、長野太介、入江翔子
管理部　早坂裕子、生越こずえ、本間美咲
発行人　坂下毅

発行所　株式会社アスコム

〒105-0003
東京都港区西新橋2-23-1　3東洋海事ビル
編集局　TEL：03-5425-6627
営業局　TEL：03-5425-6626　FAX:03-5425-6770

印刷・製本　日経印刷株式会社

Printed in Japan ISBN 978-4-7762-1341-3